Das Geschichtenbuch zur Erstkommunion

W0180455

Stephan Sigg

Das Geschichtenbuch zur ERSTKOMMUNION

Mit farbigen Bildern von Stefanie Scharnberg

Gabriel

Inhalt

Zwei verrückte Fahrräder 5

Merkwürdige Geräusche aus dem Garten 15

Ein aufregendes Fußballspiel 25

Lauras Geburtstagsparty 32

Lautes Knurren aus dem Flur 40

Das Versteck 48

Die schönste Zeichnung 55

Claras Überraschung 62

Auftritt in der Manege 69

Ein großer Korb und ein Springseil 78

Wochenende mit Blacky 85

Zwei verrückte Fahrräder

Die Lehrerin sah auf ihre Armbanduhr. Gleich war die Deutschstunde vorbei, in wenigen Augenblicken läutete es. »Wir sehen uns morgen um acht Uhr mit dem Fahrrad vor der Schule. Vergesst euren Helm nicht!«

Die Kinder redeten laut durcheinander. Sie waren schon ganz nervös. Seit Tagen fieberten alle dem Fahrradausflug entgegen. Zweimal hatten sie ihn verschieben müssen, weil es geregnet hatte. Nur Lena war stumm. Sie hatte den ganzen Vormittag kaum ein Wort gesagt. Sie sah traurig aus.

»Alles in Ordnung?«, fragte Anna, als sie das Schulhaus verließen.

Lena seufzte. »Hoffentlich regnet es morgen. Ich habe echt keine Lust auf diesen Ausflug.«

»Warum das denn? Das wird bestimmt total lustig!«, erwiderte Anna. Sie fuhr total gerne Rad. Sie liebte es, wenn der Wind ihr durch die Haare strich und sie volle Pulle in die Pedale treten konnte. Die ganze Klasse mit den Fahrrädern unterwegs – so etwas hatten sie noch nie gemacht. Das war bestimmt ein großer Spaß. Die

Lehrerin hatte ihnen sogar versprochen, dass am Ziel eine Überraschung auf sie wartete. Was sie wohl für sie vorbereitet hatte? »Ist doch viel schöner, als den ganzen Tag in der Schule zu sitzen und Matheaufgaben lösen zu müssen.«

Lena zuckte mit den Achseln. »Das wäre mir egal.«

Anna hatte eine Idee: »Weißt du was, ich hol dich morgen ab, dann können wir zusammen zur Schule fahren.«

Bevor Lena reagieren konnte, wurden sie von hinten von zwei Jungs angerempelt. »Klapper, klapper, quietsch, quietsch«, machte Chris und wedelte mit den Armen in der Luft herum. Lasse lachte laut. Lena zuckte zusammen. Die beiden Jungs schnitten ein paar Grimassen, dann machten sie sich schnell aus dem Staub.

Anna ballte die Faust, aber da waren sie schon weg. »Was sollte das?«

»Keine Ahnung«, meinte Lena kleinlaut. Auf einmal hatte sie es eilig. »Ich muss los.«

Anna blickte ihr hinterher. »Lena?«, rief sie, aber diese drehte sich nicht mehr um. War die heute komisch drauf! Sonst hatten sie doch kein Geheimnis voreinander und normalerweise gingen sie immer gemeinsam nach Hause. Sie wohnten nicht weit voneinander entfernt.

Sie überquerte die Straße und ging am Bach entlang. Bei der Brücke standen die beiden Jungs. Ihr Lachen war von Weitem zu hören.

»Wetten, die schafft keine zehn Meter«, lachte Chris und Lasse ergänzte: »Wenn die auf die Bremse drückt, dann fallen alle vor Schreck von ihren Rädern!« Da wurden sie auf Anna aufmerksam und verstummten.

»Störe ich?«, fragte sie und blieb stehen.

Jetzt sagten die beiden gar nichts mehr.

»Worüber habt ihr euch vorhin lustig gemacht?«, bohrte Anna.

»Über Klapper …«, setzte Chris an, aber Lasse schnitt ihm das Wort ab: »Nicht so wichtig.« Er warf Lasse einen strengen Blick zu, dann schulterte er den Rucksack. »Bis morgen, wir müssen nach Hause.«

Jetzt war Anna noch verwirrter. Was war da los? Wovon sprachen die beiden?

Kaum war Anna zu Hause, wollte sie Lena anrufen.

»Aber das Essen ist fertig!«, rief ihre Mama.

»Es ist dringend«, sagte Anna und verschwand mit dem Telefon in ihrem Zimmer. Sie musste endlich wissen, was los war. Doch bei Lena nahm niemand ab. Auch am Mittagstisch ging ihr Lena nicht aus dem Kopf.

Als sie fertig waren, sprang sie sofort auf: »Ich schaue kurz bei Lena vorbei. Wir müssen etwas miteinander besprechen.« Zum Glück war es nicht weit zu ihr.

Lenas Mama war gerade damit beschäftigt, mit einem großen Besen den Platz vor dem Haus zu fegen. »Lena ist auf ihrem Zimmer«, sagte sie. »Geh nur rein.«

Lena schien sich überhaupt nicht über Annas Besuch

zu freuen. Sie lag auf dem Bett. Ihre Augen waren rot. »Was machst du denn hier?«, fragte sie.

Anna zuckte mit den Schultern. »Ich wollte nur wissen, wie es dir geht.« Sie erzählte, dass sie Chris und Lasse auf dem Heimweg nochmals begegnet war. »Die wollten mir auch nichts verraten. Also, sag mir, was los ist!«

»Es ist wegen meines Fahrrads«, rückte Lena mit der Wahrheit heraus. »Chris hat mich vor ein paar Tagen mit meinem Rad vor der Bücherei gesehen und seither macht er sich die ganze Zeit lustig.«

Anna verstand nur Bahnhof. »Was soll denn mit deinem Fahrrad sein?« Konnte Lena nicht Radfahren? Oder hatte sie einen Unfall gebaut?

»Es ist schon total alt.«

»Aber es fährt noch?«

Lena nickte. »Alles funktioniert.«

Anna verstand immer noch nicht. Wo lag denn das Problem?

»Ich habe wirklich keine Lust auf die Fahrradtour. Wenn ich mit meinem uralten Rad in der Schule auftauche, werden sich die anderen den ganzen Tag über mich lustig machen.« Sie erzählte, dass sie sich zum Geburtstag ein neues Rad gewünscht hatte. »Aber meine Eltern haben gesagt, dass das zu teuer ist und ich doch noch ein bisschen mit meinem alten herumfahren kann. Dabei sieht doch jeder, wie alt und klapprig das ist.«

»Die anderen haben doch auch nicht alle die neuesten Bikes.«

»Aber keines ist so alt wie meines. Du weißt doch, wie die anderen sind: Wenn sich jemand über einen das Maul zerreißt, dann dauert es nicht lange und alle machen mit. Und am Ende ist man das Gespött der ganzen Schule!«

Das konnte Anna nicht abstreiten. Manche Kinder konnten echt fies sein. Sie dachte nach. Sie hatte Lenas Fahrrad schon länger nicht mehr gesehen. Wenn Lena sie besuchte, kam sie meistens zu Fuß. »Darf ich es mir mal anschauen?«

»Wenn du unbedingt willst …«

Die Garage war total voll. An einer Wand waren viele Kisten und Schachteln aufeinandergestapelt. Offensichtlich bewahrte hier Lenas Familie alles auf, was sie momentan nicht benötigte. An der Wand gegenüber lehnte ein altes Fahrrad. Auf dem Gepäckträger klemmte ein weißer Korb.

»Das ist es«, sagte Lena.

»So alt ist das doch gar nicht«, machte Anna Lena Mut.

»Von wegen!«, widersprach Lena. »Ein uraltes Modell. Das ist wahrscheinlich schon älter als meine Oma.«

Anna dachte nach. »Wir könnten es ein bisschen aufpeppen, dann fällst du nicht mehr auf.« Vielleicht genügte es, wenn man es schrubbte und mal richtig sauber machte …

»Trotzdem wird es nie so cool aussehen wie dein Bike!«

Doch Anna ließ sich jetzt nicht mehr aufhalten. Sie nahm das Fahrrad und schob es auf den Vorplatz hinaus. Dort stellte sie es neben ihr Fahrrad. Ja, Lena hatte recht. Verglichen mit Annas Fahrrad sah das von Lena wirklich alt und klapprig aus. Anna hatte ihr Fahrrad erst vor einem Jahr zum Geburtstag bekommen, es war noch ziemlich neu und in ihrer Lieblingsfarbe blau.

»Und die Bremsen quietschen total laut«, sagte Lena. »Mein Papa hat es zwar gerade erst geölt, aber das hat nicht viel geholfen.«

In Annas Kopf hüpften bereits so viele Ideen herum, dass sie gar nicht mehr mitbekam, was Lena erzählte. Sie ging zurück in die Garage und sah sich um. Hier gab es ja total viel Material, das sie verwenden konnten!

Doch als sie Lena ihre Idee erklärte, schüttelte diese den Kopf: »Das bringt doch nichts. Damit mache ich mich bloß noch mehr zum Gespött!«

»Aber nicht, wenn wir gleich beide mit verrückten Fahrrädern dort auftauchen!«, entgegnete Anna.

Lena blickte sie mit großen Augen an: »Du willst deines auch ...«

Anna verlor keine Zeit mehr und begann, die verschiedenen Kisten nach Materialien zu durchsuchen. »Bestimmt gibt es hier ein paar witzige Dinge, mit denen wir unsere Fahrräder aufpeppen können.«

Schon kurz vor halb acht klingelte Anna bei Lena. Sie hatten abgemacht, dass sie gemeinsam zur Schule fuhren.

»Ich habe dir noch was mitgebracht«, rief Anna und kramte in ihrem Rucksack. Sie hielt eine orangefarbene Fahrradtrompete in die Luft. Die hatte ihr Papa ihr ausgeliehen. »Die kannst du an deiner Lenkstange befestigen und wenn dich jemand schräg anschaut, dann hupst du einfach ganz laut.«

Bevor sie abfuhren, wollte Lenas Mama ein Foto von den beiden machen.

»Das sieht echt originell aus«, meinte sie.

Die beiden Mädchen lächelten in die Kamera. Jetzt fuhren sie wirklich ganz besondere Fahrräder. Lenas weißer Fahrradkorb war mit bunten Papiergirlanden verziert. Das Blech hatten sie mit Glitzerfolie beklebt. Anna konnte es kaum erwarten, die Gesichter der anderen zu sehen. Die würden Augen machen!

Lena war aber immer noch etwas skeptisch. »Meinst du wirklich, sie machen sich dann nicht mehr über mich lustig?«

»Auf jeden Fall!«, machte ihr Anna Mut. »Und wenn doch, müssen sie sich auch über mich lustig machen. Und das kann uns ja egal sein. Wir halten fest zusammen! Wir beide sind stolz auf unser Kunstwerk und werden heute überall für gute Laune sorgen.«

Bestimmt würden viele Menschen, die ihnen auf der Straße begegneten, sie fasziniert anschauen. Wann sah man denn sonst so besondere Fahrräder? Sie wollte gerade in die Pedale treten, da wurde laut geklingelt.

»Was ist denn das?«

Nicole blieb stehen und stieg von ihrem Rad ab. Sie machte große Augen: »Was ist mit euren Fahrrädern los?«

»Wir haben uns nur ein bisschen schick gemacht«, gab sich Anna cool und zwinkerte Lena zu.

»Diese Reflektoren sind einfach irre!«, rief Nicole. Sie kniete sich auf den Boden, um die Räder genauer zu betrachten.

Das war Lenas Idee gewesen: In einer Schachtel hatten sie zwei alte Reflektoren entdeckt. Sie hatten sie an den Speichen montiert und dann hatten sie weitere Reflektoren zusammengesucht. Jetzt funkelten ihre beiden Fahrräder ganz wild.

»Wie eine Disco!«, kommentierte Nicole.

Jetzt mussten sie aber los, sonst kamen sie noch zu spät. Anna fuhr voran, Lena in der Mitte und Nicole am Schluss. Anna drückte immer wieder auf eine ihrer drei Klingeln. Sie hatten gestern zwei zusätzliche auf die Lenkstange geschraubt. Auch an Lenas Fahrrad befanden sich drei Klingeln. Damit konnte sie jetzt ordentlich Radau machen. Als sie auf dem Schulhof fuhren, klingelten alle drei Mädchen laut. Sie waren die letzten. Die anderen warteten bereits. Alle Köpfe drehten sich sofort zu ihnen. Eine Zeit lang sagte niemand ein Wort.

Die Lehrerin schritt um Lenas Fahrrad herum. »Wollt ihr mich auf den Arm nehmen?«

Ein paar Kinder kicherten.

»Wir haben unsere Räder für den Ausflug schön dekoriert«, erklärte Anna. Sie bekam mit, wie ein Junge Chris anstupste.

»Hast du nicht gesagt, die hat ein total peinliches Fahrrad?« Darauf wusste Chris keine Antwort.

»Ist es denn überhaupt erlaubt, mit solchen Fahrrädern zu fahren?«, fragte Lasse. Alle sahen die Lehrerin an.

Diese zuckte mit den Schultern. »Warum nicht? Es steht nirgendwo, wie viele Klingeln und Reflektoren man höchstens an einem Fahrrad anbringen darf.«

Und dann setzten alle ihre Helme auf und fuhren los.

»War das ein schöner Ausflug«, rief Lena am Abend, als sie sich von Anna verabschiedete. Sie hatten so viel gelacht. Ihre Lehrerin hatte sich eine tolle Überraschung einfallen lassen: Sie waren zu einem Streichelzoo gefahren.

Wie gut es tat, Freunde zu haben, die immer zu einem standen und einem halfen!

Merkwürdige Geräusche aus dem Garten

Luca drückte mehrmals hintereinander auf den Klingelknopf, so eilig hatte er es. Endlich ging im ersten Stock das Fenster auf und Paula streckte den Kopf heraus. »Kommt schnell! Ich brauche eure Hilfe!«, rief Luca.

»Was ist denn passiert?«

»Ich habe etwas Merkwürdiges beobachtet.«

Paula verdrehte die Augen. Es kam so oft vor, dass Luca »etwas Merkwürdiges« sah, aber am Ende stellte sich meistens alles als ganz harmlos heraus. »Was ist es denn dieses Mal?«

Luca sah sich um. »Das kann ich hier nicht sagen. Kommt herunter.«

Paula seufzte. Luca las einfach zu viele Detektivgeschichten. Ständig glaubte er, einen Dieb entdeckt zu haben. Sie gab sich geschlagen. »Okay, ich sage Nick Bescheid.«

Auch Lauras Bruder war nicht besonders beeindruckt. Er war ein Jahr jünger als die beiden.

»Also was hast du denn beobachtet?«, fragte Paula.

»Merkwürdige Geräusche, aber ihr müsst euch das

selber anhören.« Er bat die beiden, ihm zu folgen. Sie gingen über die Straße, betraten Lucas Garten und marschierten hinter das Haus. Von dort gelangten sie auf den Rasen des Nachbarn. Paula sah sich um. Noch konnte sie nichts Auffälliges entdecken. Wo führte Luca sie hin?

»Warum kannst du nicht alleine Detektiv spielen?«, fragte Paula. Sie hatte gerade ein paar neue Tanzschritte geübt, die sie in einem Videoclip gesehen hatte.

»Alle erfolgreichen Detektive sind immer zu zweit oder dritt unterwegs. Da hört man und sieht viel mehr und kann sich Rückendeckung geben. Allein kann man ein Verbrechen nicht aufklären.«

Paula seufzte. Luca tat ja, als wäre er ein Meisterdetektiv!

Jetzt standen sie vor einer dicken, hohen Hecke. Sie war etwa zwei Meter hoch. Paula stellte sich auf die Zehenspitzen und konnte trotzdem nicht darübersehen.

»Und jetzt?«, fragte Nick.

»Pst!«, machte Luca. »Hört mal genau hin. Könnt ihr diese merkwürdigen Geräusche nicht hören?« Alle drei spitzten die Ohren. Doch ihnen fiel nichts auf.

»Das hast du dir bestimmt wieder mal eingebildet«, murmelte Paula und wollte kehrtmachen. Da klingelte ein Telefon. Die Kinder fuhren zusammen.

»Ist das dein Handy?«, fragte Paula Luca. Der schüttelte den Kopf. Das Geräusch war laut. Das Telefon musste irgendwo auf der anderen Seite der Hecke liegen. Dann hörte das Klingeln auf, ohne dass jemand abgenommen hatte. Paula und Nick warfen sich einen Blick zu.

»Na schön«, sagte Paula spöttisch. »Wirklich sehr mysteriös. Wahrscheinlich hat jemand sein Handy im Garten liegen lassen oder verloren. Das ist unserer Mama auch schon passiert.«

Wieder klingelte das Telefon. »Wir gehen jetzt wieder nach Hause«, entschied Paula. Was sollte an einem klingelnden Telefon denn außergewöhnlich sein?

»Wartet. Ich bin mir sicher, hier stimmt was nicht!«, bettelte Luca. »Ihr könnt mich doch nicht im Stich lassen.«

Paula zögerte. Vielleicht wäre es doch besser, wenn sie bei Luca blieben. So konnten sie verhindern, dass er eine Dummheit beging …

»Da!«, raunte Luca seinen Freunden zu. »Habt ihr es gehört?«

Alle drei hielten ihre Köpfe an die Hecke. Tatsächlich: ein Stöhnen. »Aua!«, war auf einmal zu hören.

Luca sah die beiden triumphierend an. »Das habe ich gemeint! Das geht schon eine ganze Weile so.«

»Was ist im Garten passiert?«, fragte Nick.

Luca zuckte mit den Achseln. »Darum geht's. Das will ich ja gerade herausfinden. Es könnte sein, dass …«

Doch Paula ließ ihn nicht ausreden: »Hast du schon an der Tür geklingelt und dich erkundigt, ob alles in Ordnung ist?«

Auf diese Idee war er noch gar nicht gekommen.

Paula schüttelte den Kopf. »So etwas macht man doch als Erstes.«

In dem Fall war es doch gut, dass sie nicht nach Hause gegangen waren. Da konnten sie Luca beweisen, dass er falschlag … Sie lief die Hecke entlang, die anderen folgten ihr. Endlich waren sie auf der Vorderseite des Grundstücks angekommen. Als Paula das Haus sah, begriff sie sofort: »Hier wohnt Frau Schober!«

Frau Schober und ihr Mann lebten schon lange hier. Ab und zu traf sie sich mit Paulas und Nicks Mama zum Kaffeetrinken. Paula drückte auf die Klingel. Aber niemand öffnete ihnen. Sie klingelte noch einmal. Jetzt machte auch Paula auf einmal ein ernstes Gesicht. Was, wenn sich Luca heute tatsächlich mal nicht irrte und Frau Schober etwas zugestoßen war?

»Ich habe euch doch gesagt, dass das komisch ist«, sagte Luca. Darauf konnte auch Paula nichts mehr entgegnen.

»Das ist jetzt schon ein bisschen merkwürdig …«

»Eine andere Möglichkeit, in den Garten zu kommen, gibt es nicht?«, fragte Nick.

Paula verneinte.

Der ganze Garten war entweder von einer Mauer oder einer hohen Hecke umgeben. Sie gingen zurück zur Hecke.

»Wir können ja einfach mal laut rufen und fragen, ob es ihr gut geht«, schlug Nick vor. Aber Luca und Paula sahen ihn erschrocken an.

»Bist du verrückt?«, flüsterte Luca und auch Paula meinte: »Das ist doch viel zu gefährlich. Wir wissen ja gar nicht, wer im Garten ist. Wir müssen zuerst alles ganz genau beobachten. Besser sie erfahren noch nicht, dass wir hier sind.«

Nick hatte eine Idee: »Wir könnten ja Mama fragen. Vielleicht war sie schon mal in Frau Schobers Garten.«

»Das dauert doch viel zu lange! Wir dürfen keine Zeit verlieren«, widersprach Luca. Paula zeigte zur Hecke. »Schaut mal, da ist eine Öffnung!«

Die beiden Jungs knieten auf den Boden. Es war nur eine ganz kleine Lücke.

»Wir müssen da durch«, sagte Paula.

Doch Luca schüttelte den Kopf. Die Öffnung war doch viel zu klein. Auch wenn sie die Luft anhielten, würden sie da nie durchkommen.

»Wir versuchen es einfach mal«, sagte sie. »Oder willst du jetzt aufgeben?«

Das wollte Luca auf keinen Fall. Bevor Paula in der Hecke verschwand, drehte sie sich nochmals um: »Jemand von uns muss hierbleiben, damit er im Notfall Hilfe holen kann.«

Doch darauf hatte niemand Lust.

»Am besten bleibt Nick vorerst hier«, schlug Paula vor. »Er kann am schnellsten rennen!«

Nick protestierte, aber da verschwand seine Schwester in der Hecke. Als sie schon fast nicht mehr zu sehen war, zischte sie: »Luca, worauf wartest du?«

Luca kroch Paula hinterher. Es war wirklich total eng. Die Äste kratzten an seinen Knien und Armen.

Paula wartete im Garten auf ihn und half ihm, aufzustehen. Er schüttelte sich den Dreck von seinen Jeans. Was für ein riesiger Garten! Ein paar Meter vor der Hecke standen mehrere Bäume, deshalb konnten sie nicht den ganzen Garten überblicken.

»Wir müssen vorsichtig sein«, schärfte Paula Luca ein. Sie schlich voran, Luca hinterher. »Autsch!«, entfuhr es ihm plötzlich und schon lag er mitten auf der Wiese. Er war über einen Eimer gestolpert. Erst jetzt fiel ihnen auf, dass überall auf der Wiese Äpfel herumlagen. Sie mussten von den Bäumen geplumpst sein.

»Ist alles in Ordnung?«

Er nickte. Sein Hintern tat noch etwas weh, aber sonst war nichts passiert.

Zwischen den Bäumen stand ein weiterer Eimer aus Metall. Er war fast bis an den Rand mit Äpfeln gefüllt. Luca hob einen Apfel in die Höhe. Er war rot. Am liebsten hätte er reingebissen. Paula ging zwischen den beiden Bäumen hindurch.

»Da ist Frau Schober«, entfuhr es ihr erschrocken. Mitten auf der Wiese lag die Nachbarin im Gras. Paula rannte auf sie zu. Da drehte Frau Schober den Kopf zu ihnen. Zuerst sah sie die beiden völlig überrascht an. Sie schien nicht ganz zu begreifen, was vor sich ging. Aber dann lächelte sie. »Ich habe schon so lange gerufen«, sagte sie. Sie zeigte auf ihren Fuß. »Ich wollte Äpfel ernten, aber da bin ich ausgerutscht und mit dem Fuß umgeknickt. Eigentlich wollte ich auf einem Bein zum Haus humpeln, aber ich hatte Angst, nochmals zu stürzen.«

Luca verzog das Gesicht. Zum Glück hatte ihm nur der Hintern wehgetan. »Warum haben Sie nicht den Notarzt gerufen?«, fragte er.

»Das wollte ich ja«, erwiderte Frau Schober, »aber mein Handy liegt auf dem Tisch auf der Terrasse.«

Die Terrasse war einige Meter entfernt.

»Ich hole es Ihnen«, erklärte Luca.

Aber Paula hielt ihn zurück. Das Handy war jetzt nicht so wichtig. Zuerst mussten sie sich um Frau Schober kümmern.

»Wir helfen Ihnen jetzt aufzustehen und bringen Sie zur Terrasse.«

Damit war aber Luca nicht einverstanden. »Wir holen besser einen Stuhl hierher, dann rufen Sie den Krankenwagen.«

Gemeinsam trugen Paula und Luca den Liegestuhl in die Wiese. Ganz langsam halfen sie Frau Schober, sich in den Liegestuhl zu legen.

Sie stöhnte auf. »Hoffentlich ist mein Fuß nicht gebrochen.« Sie griff nach dem Handy. »So viele Leute haben schon angerufen. Die haben sich sicher gewundert, dass ich nicht rangehe.«

Zum Glück hatte sie die Nummer ihres Arztes gespeichert. Sie rief ihn an. Er versprach, so schnell wie möglich vorbeizukommen.

Schon ein paar Augenblicke später läutete es an der Tür.

»So schnell?«, wunderte sich Paula. Auch Frau Schober kam das merkwürdig vor. Es wurde Sturm geläutet. Da schien es jemand sehr eilig zu haben.

»Mein Mann kann es nicht sein«, meinte Frau Schober. »Der kommt erst am Abend.« Sie beschrieb Luca den Weg durch das Haus zur Tür. »Der Schlüssel steckt.«

Schnell flitzte er ins Haus hinein.

»Zum Glück seid ihr aufgetaucht«, sagte Frau Schober zu Paula und lächelte ihr zu, »sonst hätte ich wahrscheinlich in der Wiese gelegen, bis mein Mann nach Hause gekommen wäre.«

»Tut ihnen was weh?«, hörten sie in diesem Moment eine Stimme vom anderen Ende des Gartens. Sie drehten die Köpfe zur Terrasse. Die Mutter von Laura und

Nick eilte auf sie zu, im Schlepptau Nick und Luca. Nick sah ziemlich sauer aus und Luca war rot im Gesicht. Auch Paula lief rot an. Mist, sie hatten ganz vergessen, dass ihr Bruder vor der Hecke wartete!

»Ich habe zuerst gar nicht begriffen, was los ist«, erzählte ihre Mama. Sie war total außer Atem. »Nick kam nach Hause und war in Panik und hat irgendwas davon gefaselt, dass Luca und Paula in Ihrem Garten verschwunden sind. Ihr habt uns echt einen Schrecken eingejagt.« Sie betrachtete den Fuß von Frau Schober.

»Tut mir leid«, sagte Paula zu Nick. »Es ging alles drunter und drüber.«

Bevor Nick reagieren konnte, half ihr Luca aus der Patsche: »Du hast dich wie ein Profi verhalten«, lobte er Nick. »Wir sind echt ein starkes Detektiv-Team.«

»Dann habt ihr sicher noch Energie für eine ganz besondere Aufgabe«, meldete sich Paulas und Nicks Mama zu Wort. Sie hob den Eimer in die Höhe.

»Während wir auf den Arzt warten, könnt ihr Äpfel einsammeln. Dann besteht auch keine Gefahr mehr, dass jemand stolpert.«

Nachdem der Arzt wieder gegangen war, machten sich auch die Kinder auf den Weg. Frau Schober drückte jeden kurz an sich.

»Ihr habt mich gerettet«, lobte sie. »Toll, dass ihr so aufmerksam gewesen seid und gleich etwas unternommen habt.«

»Ohne Luca wären wir jetzt nicht hier«, gestand Paula und erzählte, dass sie ihn am Anfang nicht ernst genommen hatten.

Doch Luca fand das gar nicht so schlimm: »Danke, dass ihr mir geholfen habt. Wir sind ein super Team!«

Ein aufregendes Fußballspiel

»Es hat nicht viel gefehlt und ich hätte ihm einen Tritt ins Schienbein verpasst!«, schimpfte Philipp.

Matteo nickte und warf seine Sporttasche in den Kofferraum. Der Nachmittag auf dem Fußballplatz war total doof gewesen. Schon in der Umkleidekabine hatten sich die Spieler der anderen Mannschaft über sie lustig gemacht.

»Was ist denn passiert?«, fragte Philipps Papa.

»In der anderen Mannschaft gibt es einen Spieler, der ist total unfair«, erzählte Matteo.

Philipps Papa schloss den Kofferraum, die beiden Jungs quetschten sich auf den Rücksitz. Philipps Mama saß am Steuer und beobachtete die beiden durch den Rückspiegel.

»Und der Schiedsrichter hat einfach nichts unternommen. Dabei hat er genau gesehen und gehört, dass er ständig gefoult hat …«

»Das ist doch nicht so schlimm«, versuchte Mama die beiden zu trösten. »Bestimmt ist das morgen schon vergessen.«

Philipp und Matteo schüttelten den Kopf. Morgen hatten sie es mit der gleichen Mannschaft zu tun. Heute hatten sie sich nur zu einem gemeinsamen Training getroffen. Wie das wohl beim Pokalspiel wurde? Wenn sie bloß andere Gegner hätten!

Nachdem Papa ihnen eine Weile zugehört hatte, sagte er: »Eure Mannschaft muss morgen einfach gut zusammenhalten, dann haben die anderen keine Chance gegen euch.«

Philipp zuckte mit den Achseln. »Irgendwie freue ich mich gar nicht mehr so auf dieses Spiel.«

Matteo nickte. Bisher hatten die beiden vom Kicken nicht genug bekommen können. Kein Training hatten sie verpasst. Ihr Trainer hatte ihnen immer wieder eingetrichtert, wie wichtig der Zusammenhalt war und dass man nicht so verbissen spielen sollte. Hatte die andere Mannschaft das nicht gelernt?

»Wenn die morgen wieder so drauf sind, wird das überhaupt nicht witzig«, sagte Matteo.

Philipps Mama sah ihn durch den Rückspiegel an. »Jeder hat mal einen schlechten Tag. Vielleicht sind sie morgen ganz anders drauf ...«

»Und wenn nicht?«, erwiderte Philipp.

Mama seufzte. »Keine Angst, wir lassen uns etwas einfallen ...« Sie zwinkerte Papa zu. »Morgen sind ja ganz viele Fans von euch dabei. Wir werden euch alle anfeuern!«

»Seid ihr startklar?«, fragte Papa am nächsten Tag. Er hatte das Auto bereits aus der Garage gefahren. Matteo und Philipp setzten sich auf die Rückbank. Heute sprachen sie fast kein Wort. Gestern Abend hatte Philipp fast nicht einschlafen können. Er hatte sich hin- und hergewälzt und über das heutige Spiel nachgedacht.

»Fährt deine Mama gar nicht mit?«, erkundigte sich Matteo.

»Sie kommt später«, erklärte Papa.

»Aber ich habe gedacht, sie will uns heute anfeuern«, erwiderte Matteo.

Philipp nickte. »Sie muss wohl noch etwas vorbereiten.« Mehr wusste er auch nicht.

»Das wird ein großartiges Spiel, ihr werdet sehen!«, versprach Papa den beiden.

Die anderen Spieler ihrer Mannschaft waren schon da.

»Wir müssen heute gut zusammenhalten«, schärfte der Torwart den Jungs ein. »Gestern konnte ihr gut sehen, was passiert, wenn jeder nur an sich denkt.«

Sie gingen in die Kabine. Die andere Mannschaft war noch nicht da. Beim Aufwärmen beobachteten sie, wie die Spieler der anderen Mannschaft nacheinander eintrafen.

»Macht ihr euch schon in die Hosen?«, schrie einer, bevor er in der Umkleidekabine verschwand. Ein anderer schnitt eine Grimasse. Philipp wollte schon hinterherrennen, aber Matteo hielt ihn am T-Shirt fest. Er sah zu Papa, der sie vom Rand des Spielfelds aus beobachtete.

»Ihr müsst nur ein bisschen Geduld haben«, rief er und hielt beide Daumen nach oben. »Die andere Mannschaft wird heute noch eine große Überraschung erleben!«

Matteo warf Philipp einen fragenden Blick zu, aber auch der wusste nicht, was sein Papa meinte. Da pfiff ihr Trainer sie zu sich. Er zählte durch. Es waren alle da.

Matteo stupste Philipp an. Er zeigte aufgeregt zum Spielfeldrand. »Was ist denn da los?«

Philipp sah hinüber und erstarrte. Papa war nicht mehr allein. Inzwischen war Mama eingetroffen. Sie hatte mehrere Leute im Schlepptau. Philipp entdeckte Oma, Opa, seine Tante und deren Mann, seine beiden Cousinen. Sie hatten sogar ihren kleinen Hund mitgebracht. Alle winkten aufgeregt.

»Hast du das gewusst?«, fragte Matteo.

Philipp schüttelte den Kopf. Seine Eltern hatten ihm kein Wort gesagt. Er ging zu ihnen. Sie grinsten.

»Damit hast du wohl nicht gerechnet«, sagte seine Mama lachend. »Ich habe gestern mit Oma telefoniert und ihr alles erzählt.«

»Da haben wir uns etwas einfallen lassen«, rief Opa und zwinkerte Philipp zu. »Wir können dich doch nicht im Stich lassen.«

Kaum hatte das Spiel begonnen, legte Philipps Familie am Spielfeldrand los. Sie riefen ganz laut im Chor: »Gebt alles, schießt ein Tor!« Die Cousinen von Philipp führten dazu sogar einen lustigen Tanz auf. Seine Oma blies in eine gelbe Plastiktrompete, während seine Mama und seine Tante ein riesiges Plakat in die Höhe hielten und hin- und herschwenkten. Darauf stand: »Ihr seid die Besten!«

Mit solch einem Fanclub hatten die Spieler der gegnerischen Mannschaft nicht gerechnet. Für einen kurzen Moment waren sie abgelenkt. Matteo nutzte das aus und rannte mit dem Ball los. Die anderen versuchten, ihn

einzuholen, aber sie waren zu langsam. Und schon traf er das Tor. Die Fans am Spielrand jubelten und schrien wieder: »Gebt alles, schießt ein Tor!«

Als der Schiedsrichter wegsah, versuchte ein Spieler der anderen Mannschaft, Philipp ein Bein zu stellen. Da tönte ein lautes »Buh!« vom Spielfeldrand. Sogar der Hund von Philipps Cousinen knurrte böse.

Der Spieler wurde knallrot im Gesicht und hielt sich bis zum Schlusspfiff an die Regeln.

Viel zu schnell war das Spiel zu Ende. Philipps Mannschaft gewann mit 2:1. Alle waren total verschwitzt, so sehr hatten sie sich ins Zeug gelegt. Stolz hielt Matteo den Pokal in die Höhe.

»Ihr habt aber einen tollen Fanclub!«, gratulierte ihm der Torwart der gegnerischen Mannschaft. »Da können wir uns von euch echt eine Scheibe abschneiden.«

Philipp flitzte zu seiner Familie und ließ sich von allen umarmen.

»Das habt ihr super gemacht!«, jubelten seine Cousinen.

So glücklich war Philipp schon lange nicht mehr gewesen.

Lauras Geburtstagsparty

Lecker! Am liebsten hätte Laura jetzt sofort ein Stück von der Himbeertorte genascht. Ihr lief das Wasser im Mund zusammen. Wann ging es endlich los? Den ganzen Vormittag hatten ihre Mama und sie alles für ihr großes Gartenfest vorbereitet. Die ganze Klasse hatte sie eingeladen, obwohl das ihre Mutter zuerst nicht wollte.

Aber zum Glück hatte Papa eine geniale Idee gehabt: »Wir machen einfach ein Gartenfest. Dann habt ihr auch genügend Platz, um miteinander zu spielen.«

Die Nachbarn hatten ihnen zwei lange Tische und Bänke ausgeliehen. Während Mama einen gelben Luftballon aufblies, betrachtete Laura den Tisch. Es war viel schöner geworden, als sie es sich vorgestellt hatte! Neben dem gedeckten Tisch stand ein kleiner runder Tisch. Dieser war noch leer. Da konnten dann ihre Freunde die Geschenke hinlegen.

»Das wird ein tolles Fest.« Sie freute sich. Sie hatte auch einige Spiele vorbereitet. Als Erstes würden sie »Wer bin ich?« spielen – das liebte Laura besonders. Und Blinde Kuh im Garten wäre bestimmt total witzig.

Mama blickte zum Himmel und runzelte die Stirn. Jetzt sah es auch Laura: Eine riesige schwarze Wolke. Woher war die plötzlich aufgetaucht? Bis jetzt war der Himmel blau gewesen.

»Das sieht gar nicht gut aus«, seufzte Mama. »Hoffentlich hält das Wetter.«

Laura hoffte, die Wolke würde gleich weiterziehen und der Himmel wäre wieder strahlend blau. Mama hatte gestern doch erzählt, dass sie im Wetterbericht schönes Wetter angekündigt hatten.

»Hallo!«

Laura und Mama wirbelten herum. Oma! Als sie von Lauras Party erfahren hatte, hatte sie unbedingt auch dabei sein wollen. Sie hielt eine Glasschüssel in der einen und ein rosafarbenes Paket in der anderen Hand. Laura rannte sofort auf sie zu und nahm ihr das Geschenk ab.

Oma ließ Laura an der Glasschüssel riechen. »Vanillecreme!« Laura leckte sich die Lippen.

In diesem Moment krachte es laut. Laura fuhr zusammen. Ihre Oma riss die Augen weit auf. Bevor sie etwas sagen konnte, blitzte es. Und dann fielen die ersten Tropfen. Zuerst waren es nur ein paar einzelne, dann prasselten auf einmal viele auf sie nieder.

»Schnell, alles reinbringen!«, rief Oma und rannte mit der Vanillecreme zur Terrassentür. Laura griff nach dem Eistee-Krug und klemmte sich die Servietten unter die Achseln. Dann hechtete sie Oma hinterher. Auch ihre Mutter packte, so viel sie konnte, und folgte ihr.

Mehrmals mussten sie zwischen Haus und Garten hin- und herrennen, bis alles in Sicherheit gebracht worden war.

»Puh!«, seufzte Oma. Alle drei waren klatschnass.

»Du musst dir was Trockenes anziehen«, sagte Mama zu Laura. Doch Laura starrte nach draußen. Es goss noch immer wie aus Kübeln, die Bäume bogen sich im Wind. Sah das ungemütlich aus. Und ihr Geburtstagsfest sollte doch bald beginnen!

»Es hört bestimmt gleich wieder auf«, machte Oma Laura Mut.

Aber ihre Mama schüttelte den Kopf. Sie streckte

Oma ihr Handy entgegen und erzählte, was sie gerade im Internet entdeckt hatte: »Das ist ein heftiges Gewitter. Es soll sich erst in ein paar Stunden wieder beruhigen …« Sie wandte sich an Laura. »Wir müssen die Party wohl verschieben.«

»Auf keinen Fall!«, entfuhr es Laura. Tränen schossen ihr in die Augen. »Ich habe mich so darauf gefreut. Und auch die anderen Kinder …« Sie hatten so viel vorbereitet. In der Schule war ihre Party schon seit Tagen das Gesprächsthema Nummer eins gewesen.

»Laura, ich finde es auch schade«, meinte ihre Mutter, »aber es ist doch nicht so schlimm, wenn wir das Fest in einer Woche nachholen.«

Laura schüttelte den Kopf. Verschieben? Mama verstand wieder mal gar nichts. Sie wollte nicht eine weitere Woche warten – es hatte eh schon viel zu lange bis zu ihrem Geburtstag gedauert! Und wer weiß, am Ende war dann auch nächste Woche schlechtes Wetter und schließlich fand die Party dann gar nie statt. Nicht mehr lange und es wurde Herbst und da konnte man Gartenfeste gleich vergessen.

Laura hatte eine Idee: »Alle könnten doch Regenmäntel und Stiefel anziehen, dann könnten wir trotzdem …«

Mama schüttelte den Kopf. »Bei dem Gewitter ist es doch viel zu gefährlich. Und sowieso: Dann müssten wir auch einen Regenmantel für die Torte und die anderen Süßigkeiten haben.«

»Wir können doch hier drin feiern«, sagte Oma, als wäre das die normalste Sache der Welt.

»Schwierig«, sagte Mama, »in unserem Wohnzimmer ist zu wenig Platz. Da treten wir uns ja gegenseitig auf die Füße. Das gibt bloß ein riesiges Chaos.« Wieder donnerte es laut.

»So viel Platz brauchen die Kinder doch gar nicht«, erwiderte Oma.

Laura nickte zustimmend. Doch auch das überzeugte ihre Mama nicht.

»Wir rufen deine Freunde jetzt besser an. Nicht dass sie sich umsonst auf den Weg machen.«

Doch Oma hielt sie zurück. »Kommen die denn nicht selber auf die Idee, dass die Party bei diesem Wetter ausfällt?«

Laura schüttelte den Kopf. »Sie wissen nicht, dass wir draußen feiern. Ich habe ihnen nur gesagt, dass das Fest bei mir zu Hause stattfindet.«

»Prima«, erwiderte Oma und sah sich in der Küche um. »Wenn wir hier im Haus zu wenig Platz haben, dann suchen wir einfach einen anderen Ort.«

Laura atmete auf. Vielleicht fanden sie doch noch eine Lösung …

Doch schon meldete sich Mama zu Wort: »Wie willst du so schnell einen Raum finden?« Sie zeigte auf die Uhr an der Wand. »Nur noch eine Stunde! Das ist viel zu knapp …«

Lauras Oma lachte. »Das ist das kleinste Problem.«

Sie scheuchte Lauras Mama aus der Küche. »Am besten lässt du uns alleine.«

Laura sah Oma erwartungsvoll an. Doch diese ging nur in der Küche auf und ab und machte ein Gesicht, als würden in ihrem Kopf die Gedanken Fußball spielen.

»Die Sporthalle …«, murmelte sie, »das Kino …« Aber nach jeder Idee schüttelte sie den Kopf. »Zu weit weg.«

Es musste viele Sitzgelegenheiten geben, am besten auch genügend Tische.

»Und Platz zum Spielen!«, fügte Laura hinzu. In ihrer Klasse waren Ballspiele momentan total in. Fast keine Pause ohne Ballspiel. Nervös blickte sie immer wieder auf die Uhr. Bestimmt wurden alle Kinder wegen des Unwetters mit dem Auto zu ihr gebracht. Dann würde es nicht mehr lange dauern und die ersten …

»Was klappert denn da so?«, fragte Oma auf einmal. Laura spitzte die Ohren. Vor lauter Donner und trommelnden Regentropfen war ihr das Geräusch gar nicht aufgefallen. Oma zeigte zur Decke. »Das kommt von oben.«

Sie liefen die Treppe hinauf. Als sie im ersten Stock angekommen waren, war Laura plötzlich klar: Das war das Fenster auf dem Dachboden, das so klapperte. Unter der Öffnung hatte sich bereits eine Pfütze gebildet. Schnell zog Oma das Fenster zu. Sie setzte sich auf das alte Sofa und betrachtete den Dachboden genauer. Plötzlich hellte sich ihr Gesicht auf. »Wir könnten die Party doch hier oben feiern.«

Laura runzelte die Stirn. Hier oben war es fast noch enger als unten. Überall standen alte Möbel und Koffer herum.

»Von wegen!«, widersprach Oma. »Hier ist es erst recht spannend.« Sie ging zu einem der großen Koffer und öffnete ihn. Er war total vollgestopft mit alten Klamotten. »Hier könntet ihr euch sogar noch witzig verkleiden«, sagte sie. »Und hier oben lässt es sich auch hervorragend Verstecken spielen!«

Da klingelte es. Schnell rannte Laura nach unten. Nick stand vor der Tür. Er trug leuchtend gelbe Regenstiefel.

»Sofort alles ausziehen«, befahl Lauras Oma, »und dann holst du in der Küche ein paar Gläser und trägst sie auf den Dachboden.«

Nick sah Laura verwirrt an. »Ich habe gedacht, dass wir …«

Doch Laura nickte zustimmend. Als die anderen Kinder eintrafen, bekamen auch sie gleich eine Aufgabe. Im Gänsemarsch stiegen sie die Treppe auf den Dachboden hinauf. Jeder trug etwas nach oben. Wenige Minuten später waren alle Speisen und das ganze Geschirr auf den Dachboden gebracht. Lauras Mama vergaß vor lauter Staunen, den Mund zu schließen.

»Herzlich willkommen bei unserer Dachbodenparty«, begrüßte Oma die Kinder.

Doch einige von ihnen hatten schon etwas entdeckt: Sarah probierte gerade einen Hut mit einer gelben Pfauenfeder an. Die anderen kicherten. Nick machte es sich auf dem alten Teppich gemütlich und blätterte neugierig in einem dicken Fotoalbum. Tina und Lasse machten sich an einem Plattenspieler zu schaffen. Als plötzlich Musik zu hören war, zuckten sie zusammen.

»Ist das lustig hier!«, sagte Nick zu Laura. Die strahlte übers ganze Gesicht und sah Oma glücklich an. Es war noch viel aufregender hier oben, als im Garten Geburtstag zu feiern!

Lautes Knurren aus dem Flur

In der Pause saßen Jakob und Fabian auf der Bank unter der Linde und aßen ihre Pausenbrote. Da platzte Jakob heraus: »Heute übernachtet Erik bei mir.«

Fabian hätte sich beinahe verschluckt. »Was? Der ist doch so ein Angeber!«

Früher hatten sie die Nachmittage oft zu dritt verbracht. Aber in letzter Zeit luden sie Erik nicht mehr ein. Er ging ihnen auf die Nerven.

»Er weiß immer alles besser«, sagte Fabian, »und die ganze Zeit muss er raushängen lassen, wie mutig er ist und dass er vor nichts, aber auch gar nichts Angst hat.«

Jakob zuckte mit den Schultern. »Seine Eltern sind heute zum Essen eingeladen und er hat keine Lust, den Abend mit einem Babysitter zu verbringen.«

Fabian schwieg. Ausgerechnet Erik. Ihn hatte Jakob schon lange nicht mehr gefragt, ob er bei ihm übernachten wollte.

Während der Deutschstunde hatte Fabian auf einmal eine Idee. »Darf ich heute auch bei dir schlafen?«, kritzelte er auf einen Zettel. Er faltete ihn zusammen und warf ihn Jakob zu, der einen Tisch weiter saß. Dieser blickte Fabian überrascht an, aber er nickte.

Jakobs Eltern hatten nichts dagegen, dass heute auch noch Fabian bei ihnen übernachtete. Das Zimmer von Jakob war ziemlich groß und zur Not konnte auch jemand im Gästezimmer schlafen. Auch Fabians Eltern waren einverstanden.

»Aber das ist streng geheim«, schärfte Fabian Jakob am Telefon ein.

»Warum?«

»Außer unseren Eltern darf niemand wissen, dass ich heute Nacht bei dir bin. Wir werden Erik damit überraschen. Ich habe eine witzige Idee.«

Schon um fünf war Fabian bei Jakob. Erik würde erst eine Stunde später kommen. Fabian hatte seinen Schlafsack mitgebracht.

»Du kannst ihn gleich auf mein Zimmer bringen.«

Fabian schüttelte den Kopf. »Wir müssen ihn verstecken. Sonst kapiert Erik sofort, dass noch jemand hier ist.«

Sie gingen in die Küche. Jakob schenkte beiden ein Glas Sirup ein.

Fabian erzählte aufgeregt von seinem Plan: »Wir stellen Erik heute auf die Probe. Mal sehen, ob er danach immer noch behauptet, dass er vor nichts Schiss hat.«

»Aber ist das nicht fies?«

»Hast du schon vergessen, wie oft er uns schon mit

seiner großen Klappe genervt hat?«, fragte Fabian. »So ein kleiner Scherz ist doch total witzig. Und du musst gar nichts unternehmen. Ich kümmere mich um alles.«

Jakob zuckte mit den Schultern. Warum nicht? Auch wenn er noch nicht ganz verstanden hatte, was Fabian genau plante … Vielleicht konnten sie so Erik wirklich mal zeigen, dass seine ständige Angeberei nervte.

Sie schafften es gerade noch, alles vorzubereiten, da klingelte es an der Tür.

»Bis später!«, raunte Fabian Jakob zu und verzog sich in den ersten Stock. Er wartete im Gästezimmer.

»Heute habe ich etwas total Krasses erlebt«, plapperte Erik los, kaum hatte er das Haus betreten. Jakob musste grinsen. Erik hatte wirklich eine große Klappe! Er erzählte, wie er am Nachmittag

eine Katze von einem hohen Baum gerettet hatte. »Das waren mindestens zwei Meter, du hättest dich das bestimmt nicht getraut.«

Sie setzten sich vor den Fernseher. Fabian schaltete im Flur das Licht aus. So wie Jakob es ihm gesagt hatte. Wenig später würde dieser auftauchen. Mehr hatte er Jakob nicht verraten wollen.

Vor lauter Aufregung konnte sich Jakob überhaupt nicht auf den Film konzentrieren. Ob es noch lange dauerte? Irgendwann wurde der Film doch spannender. Jakob vergaß, dass Fabian oben auf sie wartete. Als der Film zu Ende war, gähnte Erik.

»Ich muss auf die Toilette«, sagte Jakob. Im Flur war keine Spur von Fabian. Er schlich die Treppe hinauf und öffnete die Tür zum Gästezimmer.

Fabian fuhr hoch. »Hast du mich erschreckt!«, entfuhr es ihm. Er sah sich verwirrt um. »Ich bin wohl eingeschlafen.« Er stand auf. »Geh wieder runter zu Erik, ich komme gleich …«

»Aber der Film ist schon zu Ende.«

»Ihr könnt ja einen zweiten anschauen.«

»Meine Mama hat aber nur einen erlaubt und gesagt, dass wir hinterher bald ins Bett müssen.«

Die Treppe knarrte. Die beiden fuhren zusammen.

»Schnell raus!«, raunte Fabian und schob Jakob aus dem Zimmer. »Geht einfach in dein Zimmer.«

Kaum war die Tür zu, stand Erik auch schon vor Jakob.

»Was machst du?«

»Ich …«, stotterte Jakob, »ich musste nur schnell den Rollladen im Gästezimmer herunterlassen.«

Bevor Erik auf den Gedanken kam, einen Blick ins Zimmer zu werfen, bugsierte er ihn ins Badezimmer. Sie putzten die Zähne und schlüpften in ihre Pyjamas.

Endlich lagen sie im Bett, Jakob knipste das Licht aus. Jetzt konnten sie die ganze Nacht miteinander quatschen. Das war immer das Coolste, wenn jemand bei ihm übernachtete! Das Schlafzimmer seiner Eltern befand sich einen Stock weiter oben. Da musste es schon sehr laut werden, dass die etwas mitbekamen.

Erik erzählte gerade wieder eine neue Heldengeschichte. Jakob hörte nur mit halbem Ohr zu. Fabian ließ auf sich warten! War er schon wieder eingeschlafen?

»Ich muss mal«, murmelte er. Am besten sah er nochmals im Gästezimmer nach. Doch bevor er aus dem Bett kriechen konnte, war vor der Tür ein Knurren zu hören. Er erstarrte. Auch Erik sagte auf einmal nichts mehr. Erst nach einer Weile flüsterte er: »Hast du das auch gehört?«

»Was meinst du?«

»Das Knurren!«

Jakob tat so, als hätte er es nicht mitbekommen. Er war sich zwar fast hundertprozentig sicher, wer für das Knurren verantwortlich war, aber trotzdem war ihm etwas mulmig zumute. Er knipste das Licht an. »Ich weiß nicht, wovon du sprichst. Willst du mal im Flur nachsehen?«

Erik wollte sich nichts anmerken lassen und kroch aus seinem Schlafsack. So langsam hatte er sich noch nie bewegt. Vorsichtig öffnete er die Tür. Im Flur war es dunkel. Erik streckte den Kopf hinaus. »Ich kann nichts sehen«, murmelte er.

»Vielleicht hast du dich getäuscht.«

Da knurrte es wieder ganz laut. Erik knallte die Tür zu und rannte zu seiner Matratze zurück. Sein Gesicht war ganz weiß. Schnell schlüpfte er wieder in seinen Schlafsack. Jakob fiel es schwer, nicht laut zu lachen. Die Tür ging auf und eine weiße Gestalt kam herein. Hätte

Jakob nicht gewusst, dass es sich dabei um Fabian handelte, wäre auch ihm jetzt total unheimlich geworden. Das sah echt gruselig aus!

»Das reicht«, entschied er. Sie hatten Erik genügend Angst eingejagt. Jakob stand auf und ging auf die Gestalt zu.

»Pass auf!«, zischte Erik. Er hatte den Reißverschluss seines Schlafsacks bis fast nach oben zugezogen. Doch da riss Jakob schon das weiße Tuch herunter.

»Was …?«, entfuhr es Erik. Er begriff gar nichts mehr. Jakob und Fabian kugelten sich vor Lachen.

»Du bist so ein Angsthase«, grinste Jakob. »Unser Streich hat funktioniert!«

Erik konnte darüber nicht lachen. Er blickte Fabian böse an.

Jakob spitzte die Ohren. Was war das? Er ging zur Tür und lauschte. Dann drehte er sich um: »Hört ihr das auch?« Das Geräusch klang total merkwürdig. Hatte sich Fabian noch etwas einfallen lassen?

»Sehr komisch«, sagte Erik und kroch aus seinem Schlafsack. »Meint ihr wirklich, ich falle ein zweites Mal darauf rein?«

Er tappte in den Flur hinaus. Jakob wollte ihm folgen, aber Fabian hielt ihn zurück: »Damit habe ich nichts zu tun. Keine Ahnung, was das ist.« Es war ihm anzusehen, dass er die Wahrheit sagte.

»Erik!«, zischte Jakob. »Pass auf. Wir wissen nicht, was …« Sie hefteten sich an seine Fersen. Das Geräusch kam von der Treppe. Offensichtlich kam gerade jemand herauf. Alle drei hielten den Atem an. Da nahm Jakob seinen ganzen Mut zusammen und schaltete das Licht an. Seine Schwester stand vor ihnen und schrie vor Überraschung auf.

»Seid ihr verrückt geworden?«, raunte sie den Jungs zu und machte das Licht sofort wieder aus. »Ihr habt mich vielleicht erschreckt.«

»Du hast uns erschreckt!«, erwiderte Jakob.

»Hauptsache, es ist kein Einbrecher oder so was«, sagte Erik erleichtert.

Alle nickten zustimmend.

»Warum schleichst du im Dunkeln herum?«, fragte Fabian.

»Ich hätte nicht so lange wegbleiben dürfen«, murmelte sie. »Und da wollte ich vorsichtig ins Haus huschen, ohne dass unsere Eltern es bemerken.«

Fabian holte seinen Schlafsack aus dem Gästezimmer und platzierte ihn neben Erik. Was für ein Spaß! Auch wenn es ziemlich spät war, konnte niemand schlafen. Sie erzählten sich gegenseitig Gruselgeschichten. Fabian zwinkerte Jakob zu. Zu dritt war doch viel witziger als zu zweit!

»Eigentlich sind wir alle Angsthasen«, sagte Erik. Die drei grinsten sich an.

Das Versteck

Laut schmatzend erzählte Anna beim Sonntagsfrühstück von dem lustigen Film, den sie gestern Nachmittag mit ihrer besten Freundin im Kino gesehen hatte.

»Da hat die Schauspielerin mitgespielt, die du so toll findest«, sagte sie zu Papa und griff nach ihrer Kakaotasse. Mama, Nick und Anna drehten sich zu ihm um, doch Papa bekam es gar nicht mit. Er wischte wie verrückt auf seinem Handy herum.

»Kannst du es nicht wenigstens beim Frühstück weglegen?«, bat Mama. Sie nahm ein Brötchen aus dem Korb.

»Ich habe gerade etwas Wichtiges entdeckt …«, murmelte Papa ohne aufzusehen. Mama, Anna und Nick sahen sich an und verdrehten die Augen. Fast keine Sekunde hielt es Papa ohne sein Handy aus! Entweder rief jemand Wichtiges an, er musste ganz dringend seine Nachrichten checken oder das Gerät piepste und kündigte wichtige Neuigkeiten an. Sogar auf die Toilette nahm er sein Handy mit.

Einmal hatten Anna und Nick vor dem Sonntagsfrühstück das Handy in einer Schublade versteckt. Das hatte ein schönes Donnerwetter gegeben! Papa hatte sich erst wieder beruhigt, als Nick ihn zum Versteck geführt hatte.

»Was möchtet ihr heute machen?«, fragte Mama die Kinder, während sie das Brötchen mit Butter bestrich.

Nick hatte eine Idee. Damit Papa es nicht mitbekam, lehnte er sich zu Anna und flüsterte ihr ins Ohr: »Wir gehen heute irgendwohin, wo Papa sein Handy nicht benutzen kann!«

Anna dachte nach. Da gab es nicht viele Möglichkeiten … »Ins Hallenbad?« Da müsste Papa tatsächlich sein Handy im Spind einschließen. Sonst riskierte er, dass sein Telefon ins Wasser fiel und kaputtging. Das wäre bestimmt sogar ihm zu gefährlich.

Doch auf Baden hatte Mama heute keine Lust. »Im Hallenbad waren wir doch erst vor ein paar Tagen.«

»Wir gehen an einen Ort, wo es keinen Empfang gibt«, schlug Nick vor, »zum Beispiel in einen Keller oder eine Höhle.« Leider sagte er es ein bisschen zu laut.

Das hatte auch Papa gehört. Er sah auf und protestierte.

Mama zeigte nach draußen: »Heute ist so schönes Wetter. Wollen wir nicht lieber ein bisschen in die Natur?«

Auf dem Waldweg begegneten sie fast niemandem. Anna war gerne hier, denn es kam nicht selten vor, dass ihnen plötzlich irgendwo ein Vogel, eine Maus oder sogar ein Eichhörnchen über den Weg lief.

»Jetzt kommt dann gleich ein schöner Teich, da könnt ihr die Fische beobachten und die Füße im Wasser kühlen«, wusste Mama.

Sie waren erst ein paar Minuten gegangen, als Papas Telefon klingelte.

»Ein wichtiger Kunde«, murmelte er, nachdem er einen Blick auf das Display geworfen hatte, und nahm ab. »Ich bin gleich wieder da.« Er entfernte sich ein paar Schritte, um ungestört telefonieren zu können. Anna seufzte genervt. Bis eben war es noch so schön gewesen! Sie waren Hand in Hand durch den Wald spaziert und hatten gestaunt, wie viele verschiedene Vögel hier zwitscherten. Mama hatte vorgeschlagen, dass Papa das Handy während ihres Spaziergangs ausmachte. Aber Papa hatte sich mit Händen und Füßen dagegen gewehrt.

»Jetzt wischen wir ihm eins aus!«, sagte Nick zu Mama und Anna. Sie steckten die Köpfe zusammen. Papa würde Augen machen! Schon einige Augenblicke später waren sie im Gebüsch verschwunden. Dort warteten sie und beobachteten Papa gespannt. Wie lange dauerte es wohl, bis er kapierte, dass sie verschwunden waren? Ob er sie schnell entdeckte? Einige Zeit lang tippte Papa auf seinem Handy herum. Dann blickte er plötzlich auf.

»Wo seid ihr?« Er drehte sich im Kreis und sah in alle Richtungen. »Das ist nicht komisch! Wo habt ihr euch versteckt? Hallo?« Er ging ein paar Schritte nach vorne,

dann wieder zurück und versuchte es in der anderen Richtung. Er lauschte. Die Kinder und Mama hielten im Gebüsch den Atem an. Bloß nicht bewegen! Anna musste echt aufpassen, dass sie nicht lauthals lachte. Warum hatte er ihre rote Jacke im Gebüsch noch nicht entdeckt? Die war bestimmt von weit her zu sehen. Papa drückte das Handy an sein Kinn und dachte nach.

Aber was machte er denn jetzt? Damit hatten sie nicht gerechnet. Papa steckte sein Handy ein und ging einfach weiter! Dachte er, dass sie auch weitergegangen waren? Nick wollte ihm zurufen, aber Mama hatte eine Idee: »Gleich um die Ecke ist ein schönes Gasthaus, da gibt es etwas zu trinken. Und von dort können wir Papa anrufen.«

»Sollen wir ihn nicht besser zurückholen?«, fragte Anna.

Doch Nick schüttelte den Kopf: »Der war doch schon oft in diesem Wald. So leicht wollen wir es ihm nicht machen.«

Mama ging voraus, die Kinder folgten ihr. Der Weg führte sie quer durch den Wald, bis sie eine Straße erreichten. Es dauerte nicht lange und sie entdeckten das Gasthaus. Auf der Terrasse standen mehrere Tische mit roten Tischtüchern und blauen Plastikstühlen. Sie nahmen Platz und winkten der Kellnerin. Anna und Nick bestellten einen Himbeersaft.

»Haben Sie zufällig unseren Papa gesehen?«, fragte Mama und erzählte, was passiert war.

Die Frau schüttelte den Kopf. Aber als sie erfuhr, warum sie sich versteckt hatten, lächelte sie. »So etwas geht mir auch auf die Nerven.« Sie zog ihr Handy aus der Schürze. »Jetzt werden wir euren Papa überraschen«, meinte sie und zwinkerte den Kindern zu. »Bitte lächeln!« Sie machte mit dem Handy ein Foto von den dreien und dann gab Mama Papas Nummer ein. Anna durfte die Nachricht tippen: »Wo bist du? Wir warten hier mit kühlen Getränken und gleich gibt es etwas Leckeres zu essen. Oder bist du noch immer mit dem Handy beschäftigt?«

Nick grinste. »Der ist jetzt bestimmt total eifersüchtig auf uns, wenn er sieht, wie gemütlich wir es hier haben«, sagte er und nahm einen Schluck von seinem Himbeersaft. Er zeigte auf eine große Tafel neben der Tür. »Schaut, hier gibt es Eisbecher!«

Einige Zeit später tauchte Papa zwischen den Bäumen auf. Anna atmete auf. Zum Glück hatte er sie so schnell gefunden! Die Kinder winkten ihm zu. Er war rot im Gesicht und schwitzte.

»Hier seid ihr!«

»Herzlich willkommen!«, begrüßte ihn die Kellnerin und lachte. »Sie haben bestimmt Durst.« Sie stellte ein großes Glas Apfelsaft auf den Tisch.

»Ihr seid auf einmal weg gewesen«, sagte Papa, nachdem er sich neben Mama gesetzt hatte. »Ich habe euch überall gesucht.«

»Wenn du nicht ständig auf dein Handy starren würdest, hättest du gleich gemerkt, wo wir uns versteckt haben«, erklärte Mama.

Die Kellnerin kam nochmals an ihren Tisch: »Hat Ihr Handy noch genügend Akku? Vielleicht ist es besser, wenn ich es drinnen auflade.«

Widerstrebend reichte Papa ihr das Telefon. Die Kinder grinsten sich an. Jetzt konnten sie endlich den Sonntag ohne Störungen genießen!

Die schönste Zeichnung

»Das hast du wunderbar gemacht!«, lobte die Lehrerin Amelie und hielt ihre Zeichnung in die Höhe. »Ein so schönes Bild.«

Die anderen waren noch nicht fertig. Alle gaben sich große Mühe, denn sie würden mit ihren Zeichnungen eine Ausstellung machen. Ihre Eltern, Verwandten und Freunde hatten bereits eine Einladung bekommen. Die Lehrerin hatte den Schülern den Auftrag gegeben, eine Zeichnung von ihrem Dorf zu machen. Jeder hatte sich für etwas anderes entschieden: Amelie hatte die Schule gemalt, Mirco zeichnete den Marktplatz, Vanessa den alten Bauernhof am Dorfrand und Nicole den Teich neben der Schule.

»Zeig mal her!«, rief Mirco und betrachtete Nicoles Bild. »Was soll denn das sein?«

»Es ist noch nicht ganz fertig«, versuchte Nicole ihn abzuwimmeln. Sie deckte das Blatt mit ihren Händen ab. Doch Mirco hatte schon alles gesehen: »Wie sieht das denn aus?«, lachte er laut. »Wie ein Tümpel voller Müll.«

»Das sind Fische und Frösche!«, widersprach Nicole.

Mirco schüttelte den Kopf. »Das da hat überhaupt keine Ähnlichkeit mit Fischen und Fröschen, das sind doch alte Glasflaschen und …«

Tränen traten in Nicoles Augen. Egal wie viel Mühe sie sich gab, es kam einfach nichts Schönes dabei heraus. Sie warf den Farbstift auf den Tisch. Sie hasste Zeichnen! Jetzt war auch Vanessa neugierig geworden. Auch sie konnte sich ein Lachen nicht verkneifen, nachdem sie Nicoles Blatt betrachtet hatte. Dann wurde sie aber ernst: »Das können wir unmöglich aufhängen, das ist doch peinlich für uns alle!«

Das war zu viel für Nicole. Sie sprang auf und rannte aus dem Klassenzimmer. Wie gemein ihre Mitschüler sein konnten!

»Nicole!«, rief die Lehrerin, aber da war Nicole schon verschwunden. Alle Kinder drängten sich um die Zeichnung. Jeder wollte erfahren, was los war.

»Das sieht wirklich komisch aus«, gab Marie Mirco recht.

Amelie schlich in den Flur hinaus. Nicole tat ihr leid. Sie konnte doch nichts dafür, dass sie nicht so gut zeichnen konnte. Im Flur war kein Mensch. Wo war Nicole hin? Sie versuchte es bei der Mädchentoilette. Bei einer Kabine war die Tür geschlossen. Lautes Schluchzen war zu hören.

»Die anderen haben das doch nicht so gemeint!«, rief Amelie durch die geschlossene Tür. Nicole hörte nicht auf zu schluchzen. »Komm heraus, wir finden eine Lösung«, versuchte es Amelie weiter.

»Ich habe keine Lust mehr. Und bei dieser doofen Ausstellung will ich auch nicht mitmachen. Alle werden mich auslachen. Und meine Eltern schämen sich bestimmt für mich.«

»Wir können ja Frau Miller sagen, dass wir deine Zeichnung nicht ausstellen möchten«, schlug Amelie vor. Doch da schluchzte Nicole schon wieder laut los. Amelie biss sich auf die Zunge. Das war wohl kein guter Vorschlag gewesen! Natürlich wollte Nicole auch bei der Ausstellung mitmachen. Es würde auffallen, wenn von allen Kindern eine Zeichnung zu sehen war, aber keine von Nicole …

»Weißt du was, ich kann eine zweite Zeichnung machen und dann sagen wir einfach, die ist von dir.« Amelie konnte von allen in der Klasse am besten zeichnen und war auch immer ganz schnell.

»Das wird uns doch niemand glauben«, widersprach Nicole.

Jetzt kam auch ihre Lehrerin in die Toilette. Sie blickte Amelie besorgt an.

»Sie ist da drin«, erklärte Amelie.

Die Lehrerin atmete auf. »Nicole, komm sofort heraus! Wir wollen weitermachen!«

Jetzt gab Nicole keinen Pieps mehr von sich.

Die Lehrerin klopfte an die Tür. »Nicole, du öffnest jetzt sofort …«

»Ich komme nicht mehr zurück!«, murmelte Nicole.

»Aber …«, setzte die Lehrerin an, doch Amelie ließ sie nicht ausreden: »Nicole bleibt hier, bis wir eine Lösung gefunden haben. Wir gehen jetzt in die Klasse zurück, und sobald wir eine Idee haben, holen wir dich.«

Die Lehrerin zögerte. So hatte sie sich das nicht vorgestellt. Aber dann folgte sie Amelie.

»Und jetzt?«, fragte Amelie die anderen Schüler. »Nicole hat sich auf der Toilette eingeschlossen.«

»Aber ihre Zeichnung …«, verteidigte sich Mirco.

Amelie warf ihm einen bösen Blick zu. »Die Ausstellung ist eine Ausstellung der ganzen Klasse. Da sollten wir auch alle zusammenhalten.«

Sie nahm Nicoles Zeichnung in die Hand und betrachtete sie.

»Warum behaupten wir nicht einfach, dass Nicole einen Tümpel gezeichnet hat?«, schlug Vanessa vor. »Einen Tümpel, den einfach noch niemand gesehen hat.«

Amelie seufzte.

»Oder wir machen das Bild einfach etwas schöner, jeder malt noch etwas dazu«, meldete sich Lina. »Dann haben wir sozusagen ein gemeinsames Bild gemacht.«

Keine der Ideen überzeugte Amelie. Da fiel ihr Blick auf Nicoles Schreibtisch. Die Farbstifte lagen wild durcheinander. Daneben entdeckte sie Nicoles Heft. Sie betrachtete die Titelseite. Genau, das war es!

»Schnell, hol Nicole«, forderte sie Vanessa auf. »Ich hab's!« Mehr verriet sie nicht. Sie wollte es erst erzählen, wenn Nicole zurück war.

Nicole betrat das Zimmer und blickte betreten auf den Boden. Amelie stellte sich neben sie.

»Amelie, erzähl schon!«, rief Mirco.

»Es ist eine gemeinsame Idee von Nicole und mir«, sagte Amelie. »Ein Glück, dass sie wieder zu uns gekommen ist, nachdem alle so fies zu ihr waren.«

Vanessa sah Nicole an: »Es tut mir leid, ich hatte das nicht so gemeint.«

Amelie nickte. »Wir haben uns etwas überlegt«, erklärte sie und hielt Nicoles Heft in die Höhe. »Ist euch schon aufgefallen, was für eine schöne Schrift Nicole hat?«

Nicole hielt den Atem an. Was hatte Amelie vor? Amelie hielt Mirco das Heft unter die Nase. Dieser schnitt eine Grimasse. Die anderen grinsten. Es wussten alle, dass Frau Miller ihn schon oft ermahnt hatte, weil man seine Schrift kaum lesen konnte.

»Und was hat das mit unserer Ausstellung zu tun?«, fragte Mirco, um von sich abzulenken.

»Jede Menge«, sagte Amelie und erzählte von ihrer Idee.

Viele Erwachsene warteten in der Aula darauf, dass die Lehrerin die Ausstellung eröffnete. Im ganzen Raum verteilt standen mehrere Stellwände, auf jeder war eine Zeichnung der Schüler angebracht. Sie hatten alles selber aufgebaut. Jetzt standen die Schüler neben ihrer Lehrerin und waren total aufgeregt. Wie würden den Eltern die Zeichnungen gefallen? Auch Nicole war da. Frau Miller begrüßte die Gäste und erzählte etwas über ihr Projekt.

»Jetzt schauen Sie sich die Kunstwerke aber am besten gleich selber an«, sagte sie schließlich. »Beachten Sie auch die Titel der Bilder auf den Schildern. Die Schilder hat Nicole gestaltet.«

Alle Köpfe drehten sich zu Nicole. Diese wurde vor Stolz ganz rot. Sie hatte lange gebraucht, bis alles fertig gewesen war. Sie hatte sogar zu Hause noch daran weitergearbeitet. Jetzt hatte jedes Bild ein Schild, auf dem in Schönschrift ein witziger Titel stand. Diese hatte sich auch Nicole ganz allein ausgedacht. Sogar die Schüler hatten bei manchen Titeln grinsen müssen, so lustig waren die.

Die Erwachsenen waren von den Zeichnungen begeistert und auch Nicole bekam Komplimente für ihre schönen Schilder.

Amelie zwinkerte Nicole zu. »Jetzt ist doch noch alles gut ausgegangen«, freute sich Amelie. Nicole strahlte über das ganze Gesicht. Auf ihre Klasse war Verlass!

Claras Überraschung

Laut knallte die Haustür zu. Luisa war sauer. Sie schmiss ihre Schuhe durch den Flur und rannte in ihr Zimmer. Nie wieder wollte sie Clara sehen! Sie hatte sie vor der ganzen Klasse bloßgestellt. Alle hatten über sie gelacht. Sie versteckte sich unter der Bettdecke.

Mama steckte den Kopf ins Kinderzimmer. »Was ist denn passiert?«

»Ich will alleine sein!« Vor lauter Wut war sie noch immer rot im Gesicht.

Mama zögerte, aber dann schloss sie die Tür.

Es hatte alles ganz harmlos angefangen: Sie hatten in der Pause auf dem Schulhof Gummitwist gespielt. Luisa war hin und her gehüpft und Clara hatte zugesehen. Doch dann hatte Clara den anderen auf einmal erzählt, dass Luisa ein großer Fan von Helene Fischer war und alle Texte ihrer Lieder auswendig kannte. Alle hatten gekichert. »Sing uns doch mal ein Lied vor!«, hatte Kai gerufen. Luisa wäre am liebsten im Boden versunken.

Schon wieder streckte Mama den Kopf durch die Tür. »Telefon für dich!«

Luisa schüttelte den Kopf. Das war bestimmt Clara! Auf ihre Entschuldigung konnte sie verzichten. »Ich will nicht mit ihr reden!«

Sie sprang aus dem Bett und schob Mama aus dem Zimmer. Durch die geschlossene Tür lauschte sie, wie sie mit Clara sprach. Bestimmt versuchte Clara ihr jetzt klarzumachen, wie leid es ihr tat und wie sehr sie es bereute. Das hätte sie sich vorher überlegen können!

Einige Zeit lag Luisa auf dem Boden und las ihr Pferdebuch weiter. Aber sie konnte sich nicht konzentrieren. Immer wieder musste sie an die Szene auf dem Schulhof und Clara denken. Was Clara konnte, konnte sie schon lange. Sie ging in die Küche und holte das Telefon. Ihre Mama sah von ihrem Spanisch-Wörterbuch auf.

»Ich gehe zu Vanessa«, erklärte Luisa.

Eigentlich hatte sie heute Nachmittag mit Clara einen Ausflug zum Ponyhof machen wollen. Bevor ihre Mama etwas sagen konnte, hatte sich Vanessa schon gemeldet. Sie freute sich über den Anruf.

»Ja, komm gern vorbei«, rief sie, »ich bin zu Hause.«

»Ist das wirklich eine gute Idee?«, fragte Mama, nachdem sie aufgelegt hatte. »Willst du nicht vorher Clara zurückrufen und mit ihr über alles reden? So schlimm wird es schon nicht gewesen sein.«

Luisa schüttelte den Kopf. Wenn Clara ein schlechtes Gewissen hatte, konnte sie wirklich nichts dafür!

Ihre Mama seufzte. »Warum habt ihr euch gestritten?«

»Das soll dir Clara erzählen. Sie plaudert sonst auch jedes Geheimnis aus.«

»Aber ihr seid doch so lange beste Freundinnen«, ließ Mama nicht locker.

Luisa schnitt eine Grimasse. »Das habe ich auch gedacht. Aber jetzt ist sie nicht mehr meine Freundin!« Sie würde sich einen lustigen Nachmittag mit Vanessa machen und keine Sekunde an Clara denken.

Luisa war schon lange nicht mehr bei Vanessa gewesen. Eigentlich fanden Clara und sie Vanessa ziemlich langweilig. Sie war immer so ernst.

»Komm, spielen wir *Mensch ärgere dich nicht*!«, sagte Vanessa, kaum hatte Luisa die Wohnung betreten. Eigentlich hätte Luisa lieber etwas anderes machen wollen, doch Vanessa hatte auf dem Esstisch bereits alle Spielfiguren aufgebaut.

Also warum nicht. Mit Clara hatte sie auch oft Spiele gespielt. Einmal in den Ferien hatten sie an einem Regentag von morgens bis abends nichts anderes gemacht als verschiedene Brettspiele zu spielen – was für ein Spaß war das gewesen! Sie hatten so viel gekichert.

Vanessa hingegen verzog während des ganzen Spiels kaum eine Miene. Sie konzentrierte sich auf die Figuren und schwieg. Immer wenn Luisa in Führung war, beugte sie sich nervös über das Brett und runzelte die Stirn. Luisa sah sich um. Bekam sie nicht einmal was zu trinken? Sie hatte sich das gemütlicher vorgestellt …

»Gewonnen!«, rief Luisa, als sie das Ziel erreichte. Anstatt ihr zu gratulieren, machte sich Vanessa daran, alle Spielfiguren auf das Startfeld zurückzusetzen. »Wir spielen eine zweite Runde«, erklärte sie.

»Wollen wir nicht etwas anderes …«, setzte Luisa an, aber da hatte Vanessa schon gewürfelt.

Luisa hatte überhaupt keine Lust mehr. Was Clara jetzt wohl gerade machte? War sie ohne sie zum Ponyhof gegangen? Seltsam, sie war immer noch sauer auf Clara, aber gleichzeitig vermisste sie sie. Sie nahm den Würfel in die Hand. Doch bevor sie würfelte, versuchte sie es nochmals: »Wir könnten ein bisschen raus gehen …«

Für Vanessa kam das aber nicht infrage. »Ach komm, wir haben doch erst eine Runde gespielt …«

Die zweite Runde zog sich. Luisa würfelte immer nur die Eins oder Zwei. Sie gähnte. Wäre doch bloß Clara hier! Irgendwann hielt sie es nicht mehr aus: »Sorry, ich muss nach Hause. Ich

muss noch mit meiner Mama einkaufen gehen.« Als Vanessa sie ziemlich empört ansah, schob sie schnell hinterher: »Wir können ja ein anderes Mal wieder spielen.«

»Jetzt habt ihr euch verpasst!«, rief Mama, als Luisa zu Hause ankam. »Clara war da. Sie hatte sogar eine kleine Überraschung für dich dabei.« Sie drückte Luisa an sich. »Möchtest du ihr nicht noch eine Chance geben?«

Luisa tat so, als würde sie das total kaltlassen, aber ihre Neugier war geweckt: »Was war es denn für eine Überraschung?«

»Das weiß ich auch nicht. Sie war eingepackt ...«

Luisa wurde ungeduldig. »Warum hat sie sie nicht hiergelassen?«

»Sie wollte sie dir persönlich überreichen. Ich habe ihr erzählt, dass du bei Vanessa bist.« Sie runzelte die Stirn. »Ist sie nicht bei euch vorbeigekommen?«

Luisa verdrehte die Augen. Begriff ihre Mama gar nichts? Warum war sie nicht zu Hause geblieben! Jetzt dachte Clara bestimmt, dass ihr der Streit total egal war und Vanessa ihre neue beste Freundin war.

»Ich muss schnell zu ihr!«, rief sie und rannte auch schon los.

Völlig außer Atem kam sie bei Clara an und klingelte. Es dauerte nicht lange und Claras Mama öffnete. Sie lächelte Luisa an. »Wie schön, dass du gekommen bist. Clara ist so traurig.«

Sie führte Luisa in die Küche. Clara saß am Tisch. Vor ihr stand ein Teller mit einem Stück Schokoladenkuchen. Aber sie hatte noch keinen Bissen davon gegessen. Sie blickte Luisa überrascht an und brachte kaum ein Wort heraus: »Ich …«

»Sie hat den Kuchen extra für dich gebacken«, erklärte Claras Mama. »Sie wollte ihn dir vorbeibringen und sich entschuldigen.«

Luisa musste leer schlucken. Schokoladenkuchen! Clara hatte sich daran erinnert, wie gern sie Schokoladenkuchen hatte! Auf einmal tat es ihr leid, dass sie so fies zu ihr gewesen war und nicht einmal mit ihr hatte telefonieren wollen.

»Aber du warst bei Vanessa …«, murmelte Clara, »und ich habe gedacht, dass …«

»Ich war so sauer auf dich«, erklärte Luisa.

»Es tut mir leid, dass ich heute Morgen alles ausgeplaudert habe«, sagte Clara, »es ist mir einfach so rausgerutscht.«

Luisa nahm Clara in die Arme. »Das ist doch schon okay.«

Auftritt in der Manege

Fröhliche Musik war von weit her zu hören, Popcorn-
geruch lag in der Luft. Als Remo das rote Zirkuszelt
sah, strahlte er über das ganze Gesicht. Endlich am Ziel!
Seit ein paar Wochen schon hingen in der ganzen Stadt
die Plakate mit einem Clown. Heute war der Zirkus in
die Stadt gekommen, keiner für Kleinkinder, sondern
ein richtig großer. Wenn es nach Remo gegangen wäre,
hätten sie gleich die erste Vorstellung heute Nachmittag
besucht. Aber da Papa arbeiten musste, wollten sie sich
morgen zu viert gemeinsam die Nachmittagsvorstellung
ansehen. Mama stellte sich vor einem kleinen Wagen an,
um die Karten zu kaufen. Da entdeckte Remo plötzlich
ein Schild: »Tierschau.«

»Die möchte ich besuchen!«

Mama sah auf die Uhr. »Einverstanden«, sagte sie, »bis
zum Treffen mit Oma haben wir noch zwei Stunden
Zeit.«

Die Gehege mit den Tieren waren hinter dem Zelt
aufgebaut. Remo rannte als Erstes zu den Ponys und
streichelte sie. Ihre Mähnen waren frisch gestriegelt.

»Die hat man für die Vorstellung schön gemacht«, wusste Mama. Auch sie fand die Ponys niedlich.

Sie spazierten weiter. Als Nächstes kamen die Lamas. Sie fraßen gerade total gierig das Stroh, das man in einer Ecke der Umzäunung angehäuft hatte. In diesem Moment entdeckte Remos Mama ihre Nachbarin. Auch sie war mit ihrem Sohn hierher gekommen, um sich die Tierschau anzusehen. Ihr kleiner Sohn beobachtete alles vom Kinderwagen aus.

Während die beiden Frauen sich miteinander unterhielten, sah sich Remo um. Wie gerne würde er auch bei einem Zirkus leben. Es wäre bestimmt total aufregend, in einem Wohnwagen zu wohnen und alle paar Tage in die nächste Stadt zu fahren. Eines Tages würde er auch zum Zirkus gehen, ganz bestimmt. Als Jongleur, Clown oder …

Plötzlich huschte ein Clown zwischen den Wagen vorbei. Den musste Remo aus der Nähe ansehen! Er ging zwischen den beiden Wagen hindurch. Da vorne! Gerade sah er den Clown um die Ecke biegen. Er heftete sich an seine Fersen und hatte auf einmal alles andere um sich herum vergessen. Der Clown schien sich in diesem Wirrwarr von Wohnwagen, Lastern und Zelten bestens auszukennen. Remo musste sich anstrengen, um ihn nicht aus den Augen zu verlieren. Doch auf einmal war er weg. Weit und breit keine Spur von ihm. War er in einem Wohnwagen verschwunden? Oder im Zelt? Direkt vor Remo lag der Eingang zum großen Zirkuszelt. Es musste der Zugang für die Artisten sein. Applaus war zu hören. Gerade verließ eine junge Frau in einem rosafarbenen Ballerinakleid das Zelt. Ein Kind reichte ihr einen Bademantel.

Remo wartete, bis die beiden verschwunden waren. Er sah nach links, nach rechts und dann sauste er ins Zelt hinein. Total dunkel. Es dauerte ein paar Augenblicke, bis er wieder etwas erkennen konnte. Er hörte ein lautes Wiehern. Woher kam das? Er stolperte nach vorne. Sein Herz klopfte schnell. Er hatte sich doch nur ein bisschen umsehen und herausfinden wollen, wie sich die Artisten auf ihren Auftritt in der Manege vorbereiteten.

Da hörte Remo einen lauten Tusch und dann wurde er vom Licht geblendet. Er kniff die Augen zusammen. Was war los? Er hörte ein paar Menschen lachen. Er entdeckte Sägemehl. Das war die Manege! Remo machte ein paar Schritte nach vorne. Jetzt lief er knallrot an. Er war mitten in der Manege gelandet und das ganze Publikum starrte ihn an. Offenbar dachten die meisten Zuschauer, er wäre ein Clown oder ein Artist. Sie warteten gespannt darauf, was passierte. In diesem Moment hörte er hinter sich nochmals das Wiehern. Ein junger Mann ritt auf einem weißen Pferd in die Manege. Er schaute Remo ziemlich verwirrt an. Dann ritt er einmal im Kreis herum und nickte den Männern zu, die neben dem Vorhang standen. Sie sahen Remo mit finsteren Mienen an. Dann rannten sie auf ihn zu und führten ihn aus der Manege.

»Was hast du dir dabei gedacht?«, schimpfte einer. »Das ist strengstens verboten. Man kann doch nicht einfach in die Manege spazieren.«

»Ich …«, stammelte Remo. Er hatte das ja nicht absichtlich gemacht.

»Wo kommst du her?«, wollte der Mann wissen. »Bist du ganz allein hier?«

»Meine Mama …«, setzte Remo an. Wäre er doch nur bei ihr geblieben! Was würden die Männer jetzt mit ihm machen?

»Er gehört zu mir«, sagte in diesem Moment eine Stimme.

Der Clown! Er lächelte Remo zu und legte ihm die Hand auf die Schulter.

»Das ist mein Assistent.«

Die Männer sahen verwirrt zwischen dem Clown hin und her. Bevor sie etwas sagen konnten, zog der Clown Remo aus dem Zelt.

»Es tut mir leid«, stammelte Remo, »ich habe nicht gewusst, dass …«

Der Clown lachte und drückte Remo an sich. »Keine Angst, das war doch nicht so schlimm«, tröstete er ihn. »Ich glaube, das Publikum fand das sogar ziemlich witzig.«

»Da bist du!«

Remo fuhr herum. Seine Mama kam mit großen Schritten auf ihn zu. »Du warst plötzlich einfach weg. Ich habe mir Sorgen gemacht. Wir gehen jetzt sofort nach Hause.«

»Aber wir wollten uns doch mit Oma im Café …«

Seine Mama schüttelte den Kopf. Es war ihr anzusehen, dass sie sauer war. Remo wäre am liebsten vom Erdboden verschluckt worden.

»Können Sie nicht ein Auge zudrücken?«, fragte der Clown. Erst jetzt sah Mama, wer neben Remo stand.

»Wer …?«, setzte sie an.

»Ich bin Pino«, stellte sich der Clown vor. »Remo ist wohl aus Versehen in die Manege geraten. Er hat mir versprochen, dass er so etwas nie wieder macht. Stimmt's?«
Remo nickte.

Damit hatte Remos Mutter nicht gerechnet.

»Aber …«, setzte sie an, doch der Clown ließ sie nicht ausreden: »Dank Remo ist mir eine Idee für eine neue Nummer eingefallen. Ich zerbreche mir schon seit Wochen den Kopf. Und da taucht auf einmal Ihr Sohn auf und ich habe die Lösung gefunden! Sie haben wirklich ein kluges Kind!«

Remos Mama fiel es immer schwerer, ein strenges Gesicht zu machen. Jetzt wurde sie vor Stolz sogar ein bisschen rot. Remo verkniff sich ein Grinsen.

»Mein Sohn ist ein so großer Zirkusfan«, erzählte sie.

Der Clown nickte. »Das habe ich schon gemerkt.«

»Er träumt sogar davon, einmal selber in der Manege aufzutreten. Ich habe ihm schon gesagt, dass das nicht so einfach ist und dass man dafür jahrelang trainieren muss.«

Remo stupste seine Mama an. Musste die hier alles ausplaudern? Das war doch total peinlich.

Der Clown wandte sich an Remo: »Du willst wirklich zum Zirkus?«

Remo nickte. Aber wenn er an vorhin dachte, war er sich auf einmal gar nicht mehr sicher. Es war ihm immer noch peinlich, wenn er sich daran erinnerte, wie viele Leute ihn angestarrt hatten. Und er hatte überhaupt keine Idee gehabt, was er tun sollte. Warum war er nicht wenigstens ein bisschen herumgerannt oder hatte einen Purzelbaum geschlagen?

Der Clown seufzte. »Weißt du, da muss man viele Jahre lang trainieren und üben. Aber wer einen großen Traum hat, soll ganz fest daran glauben und nicht aufgeben!«

Am nächsten Nachmittag saßen Mama, Papa, Remo und seine Schwester in der dritten Reihe und warteten gespannt auf den Beginn der Vorstellung. Remos Schwester knabberte Popcorn, aber Remo war viel zu nervös. Hoffentlich erkannten ihn die Männer von gestern nicht!

Das Licht ging aus und es war Musik zu hören, der Zirkusdirektor erschien in der Manege und begrüßte das Publikum. Als Erstes waren die Ponys an der Reihe.

Die kannte er schon! Sie rannten im Kreis und sprangen über Hürden. Das sah total witzig aus!

Jetzt betrat der Clown die Manege. Mama zwinkerte Remo zu. Der Clown winkte den Zuschauern zu, dann stolperte er über einen Eimer, der in der Mitte der Manege lag. Alle lachten. Der Clown ging zurück und stolperte noch einmal. Jetzt lachten alle noch viel lauter. Dann zeigte der Clown auf Remo. Da Remo nicht reagierte, ging er zu ihm und führte in die Manege. Das war ja fast wie gestern.

»Geh nur!«, machte Mama Remo Mut.

Remo musste leer schlucken. Aber dann fiel ihm ein, dass es heute anders war: Heute war er nicht allein. Pino war bei ihm. Jetzt deutete der Clown auf den Eimer und sah Remo fragend an. Remo verstand sofort, was seine Aufgabe war. Er ging zum Eimer und stieg darüber, ohne zu stolpern. Der Clown machte es ihm nach, doch er stolperte schon wieder und fiel Kopf voran ins Sägemehl. Remo verdrehte die Augen. Das Publikum johlte. Remo wiederholte seinen Einsatz und auch der Clown. Dieses Mal schaffte es sogar der Clown über den Eimer, aber dafür stolperte er hinterher. Das Publikum applaudierte. Remo strahlte über das ganze Gesicht. War das ein tolles Gefühl! Der Clown und Remo gaben sich die Hand und verbeugten sich. Er war im Zirkus aufgetreten. Der Clown hatte ihm geholfen. Gemeinsam hatten sie eine lustige Nummer geliefert. Pino führte Remo wieder an seinen Platz zurück.

»Das hast du gut gemacht«, freute sich seine Mama und drückte Remo an sich. »Das war toll!«

Wenn er das morgen in der Schule erzählte, würden alle Augen machen.

Ein großer Korb und
ein Springseil

»Echt schade, dass Tim und Maximilian nicht aufgetaucht sind«, sagte Lisa, während sie vor dem Aufzug
warteten. Michelle und sie hatten den ganzen Nachmittag vor dem Haus mit dem Ball gespielt. Die beiden
Mädchen hatten gewartet und gewartet, aber die Jungs
waren einfach nicht aufgetaucht. Zu viert wäre es viel
witziger gewesen. Lisa drückte nochmals auf die vier.

»Er kommt so auch nicht schneller«, sagte Michelle.
Der Aufzug befand sich noch immer ganz oben. Bei der
Anzeige oberhalb des Aufzugs leuchtete die zwölf. Ein
Junge betrat die Eingangshalle.

»Warum kommt der nicht?«, schimpfte er nach ein
paar Augenblicken und hämmerte mehrmals hintereinander auf den Knopf. Dann gab er auf: »Ich gehe zu
Fuß.«

Und schon war er im Treppenhaus verschwunden.

»Sollen wir nicht auch …«, setzte Michelle an, aber
Lisa schüttelte den Kopf. Sie hatte keine Lust, so vie-
le Stufen hinaufzusteigen. Da waren Schritte zu hören.
Eine junge Frau kam die Treppe herunter.

»Puh«, japste sie. »Ich bin die ganzen zehn Stockwerke zu Fuß heruntergegangen.« Sie sah zum Lift. »Ist er noch immer ganz oben? Hoffentlich ist er nicht kaputt.«

Wenig später erreichten die nächsten Nachbarn das Erdgeschoss. Alle hatten die Treppe nehmen müssen. Es war auch ein älterer Mann dabei, der im zwölften Stock wohnte. »Offensichtlich ist der Aufzug außer Betrieb. Ich habe oben gedrückt und gedrückt, aber die Tür ging einfach nicht zu. Er rührt sich nicht vom Fleck – und das schon seit einer Viertelstunde!«

»Na prima!«, beklagte sich Lisa.

»Warum unternimmt denn der Hausmeister nichts?«, fragte die junge Frau, die als Erstes unten angekommen war.

»Ich habe ihn schon angerufen«, erklärte der Mann aus dem zwölften Stock. »Er hat versprochen, gleich der Aufzugsfirma Bescheid zu geben. Aber bis die eintreffen …«

In diesem Moment kam die Nachbarin, die direkt gegenüber von Lisa wohnte, ins Haus. Sie schleppte zwei Tragetaschen. Sie waren prall gefüllt und sahen ziemlich schwer aus.

»Mir fallen fast die Arme ab!«, stöhnte sie. Da fielen ihr die vielen wartenden Menschen auf. »Ist etwas passiert?«

Lisa zeigte stumm zum Aufzug.

Die Nachbarin riss die Augen auf. »Aber ich kann doch unmöglich alles bis in den vierten Stock hinauftragen. Und ich habe einige Sachen eingekauft, die dringend in die Tiefkühltruhe müssen.«

»Wir können Ihnen beim Tragen helfen«, bot Michelle an. Lisa verdrehte die Augen. Wie stellte ihre Freundin sich das vor? Es tauchten bestimmt gleich die nächsten Nachbarn auf. Am Ende mussten sie ständig hin- und herlaufen und für alle Taschen und anderes schleppen.

Sie dachte nach. Was sie brauchten, war so etwas wie ein Ersatzlift.

»Ich habe eine Idee«, rief sie plötzlich und bat Michelle, mit ihr nach oben zu kommen. »Bleiben Sie da, wir kommen gleich wieder.«

Als Lisa wieder im Erdgeschoss war, hatte sich nicht viel geändert. Inzwischen waren zwei weitere Nachbarn angekommen – ein Ehepaar, das auch im zwölften Stock wohnte. Sie hatten einen kleinen Hund dabei. Dieser saß auf der ersten Treppenstufe und beobachtete die anderen aufmerksam. Die Frau hielt ein Kuchenblech in den Händen.

»Wir haben eine Lösung«, kündigte Lisa der Nachbarin mit den vier Tragetaschen an. Sie klatschte in die Hand und rief nach oben: »Aufzug, bitte!«

Die Erwachsenen sahen sie an, als hätte sie den Verstand verloren. Lisa lächelte. Jetzt spitzten aber alle die Ohren. Was geschah nun? Von oben war ein merkwürdiges Geräusch zu hören. Es wurde lauter. Alle drehten ihre Köpfe nach oben. Ein Korb sauste herunter. Er hing an einem Seil. Doch etwa zwei Meter über dem Boden blieb er plötzlich stehen und baumelte hin und her.

»Noch ein Stück!«, befahl Lisa.

»Geht nicht, das Seil ist nicht lang genug«, schrie Michelle von oben.

»Jetzt können wir Ihre Einkäufe nach oben transportieren.« Lisa sah sich stolz um.

Die Erwachsenen staunten. Schnell packte die Nachbarin alle Schachteln, die ins Tiefkühlfach mussten, in den Korb.

»Ziehen!«, rief Lisa, als der Korb gefüllt war.

»Stopp! Mein Wohnungsschlüssel muss auch mit«, fiel es der Nachbarin ein. Sie legte ihn hinein. Dann zog Michelle den Korb nach oben.

»Das war echt eine gute Idee!«, lobte die Nachbarin Lisa. Zum Glück hatte Michelle das Springseil in Lisas Zimmer entdeckt. Das eignete sich hervorragend für so etwas. Es dauerte nicht lange und der leere Korb sauste wieder ins Erdgeschoss.

»Ich muss dringend auf die Toilette«, sagte die ältere Frau.

»Da müssen Sie sich noch etwas gedulden«, meinte die Nachbarin mit dem Hund.

Die ältere Frau sah sehr unglücklich aus.

Ein Mann hatte einen Vorschlag: »Warum klingeln Sie nicht hier unten?«

Die Nachbarn drehten sich um und starrten zur Wohnungstür. Im Erdgeschoss gab es nur eine Wohnung. Hier lebte ein junger Mann, der immer ganz laut Musik hörte. Lisa war ihm erst ein- oder zweimal begegnet. Er lief immer mit einem so ernsten Gesicht durch die Gegend, dass man es gar nicht wagte, ihn anzusprechen.

»Würde mich überraschen, wenn der überhaupt die Tür aufmacht«, sagte jemand. »Der ist immer so aggressiv, den würde ich nicht freiwillig um etwas bitten.«

»Aber vielleicht können wir in seiner Wohnung warten, bis der Aufzug wieder funktioniert«, sagte Michelle.

Lisa nickte. Sie ging zur Tür und betätigte die Klingel. Aus dem Inneren der Wohnung war Musik zu hören. Er musste also zu Hause sein. Doch zunächst rührte sich nichts. Lisa läutete noch einmal und dann klingelte sie Sturm.

Endlich ging die Tür auf. Der junge Mann öffnete. Seine blonden Haare standen in alle Richtungen ab. Er starrte zuerst Lisa und dann die anderen an. Er sah ziemlich verwirrt aus. »Was …?«

Lisa erzählte, was passiert war. »Können wir Ihre Toilette benutzen?«

Der Mann runzelte die Stirn. »Tut mir leid«, sagte er und wollte die Tür schon wieder zumachen, aber da mischte sich Michelle schnell ein: »Wir haben einen Schokoladenkuchen dabei!« Sie zeigte auf die Frau mit dem Kuchenblech.

»Der schmeckt total lecker«, fügte Lisa hinzu.

Jetzt wirkte der Mann unschlüssig.

»Sie müssen den unbedingt probieren«, säuselte Lisa und gab den anderen ein Zeichen. Sofort drängten sich alle an ihm vorbei in die Wohnung. Lisa führte die ältere Frau zur Toilette. Die Nachbarn verteilten sich im Wohnzimmer und in der Küche. Die Wohnung war ziemlich klein und es sah total chaotisch aus. In der Küche stapelte sich schmutziges Geschirr und der Couchtisch war ein einziges Durcheinander aus alten Zeitschriften, leeren Flaschen und Chipspackungen. Zum Glück war Lisas Mama nicht hier, die wäre durchgedreht.

Eine Nachbarin begann, die Teller abzuwaschen. Ein anderer machte sich auf die Suche nach Servietten. Der Kuchen wurde angeschnitten, alle bekamen ein Stück. Nachdem der junge Mann ein paar Bissen gemampft hatte, blickte er auf einmal nicht mehr so finster drein. Er kam sogar auf die Idee, seinen Gästen Kaffee und Limonade anzubieten. Erst jetzt merkte Lisa, wie durstig sie war.

Irgendwann klingelte es an der Tür. Der Mechaniker. »Der Aufzug funktioniert jetzt wieder«, ließ er die Runde wissen.

Doch kaum einer machte sich gleich auf den Weg nach oben, viele Nachbarn blieben noch zusammen und unterhielten sich.

»Das war der schönste Nachmittag seit langer Zeit«, schwärmte eine ältere Frau und drückte Lisa an sich. »Zum Glück habt ihr beide so viele Ideen. Und mutig seid ihr auch! Durch euch habe ich endlich die Nachbarn kennengelernt.«

Der Hund bellte zustimmend und sein Frauchen meinte lachend: »Wir zusammen sind echt ein tolles Team!«

Wochenende mit Blacky

Blacky saß neben der Tür, hatte die Pfoten von sich gestreckt und blickte neugierig zwischen Josefine und ihrer Tante hin und her.

»Ich komme schon zurecht«, versprach Josefine ihrer Tante.

Endlich war es so weit! Sie konnte es kaum erwarten, dass ihre Tante abfuhr. Ein ganzes Wochenende durfte sie auf den Hund ihrer Tante aufpassen. Zwei Tage lang! Schon seit Wochen hatte sie sich darauf gefreut. Es war das erste Mal, dass Blacky allein bei ihr zu Besuch war.

»Wir hätten ihn wirklich gerne mitgenommen, aber die Schwester von deinem Onkel hat solche Angst vor Hunden«, erklärte die Tante Josefine. »Wenn etwas ist, dann kannst du mich anrufen.«

Josefine nickte. Ihre Tante beugte sich hinunter und knuddelte ihren Hund, dann verließ sie die Wohnung.

Im ersten Moment begriff der Hund nicht, was geschah. Erst als die Tür zuging und Josefine alleine mit ihm zurückblieb, wurde er nervös. Er lief zur Tür und versuchte, sie mit seinen Pfoten zu öffnen.

»Keine Angst, morgen Abend holt sie dich wieder ab«, tröstete Josefine Blacky. »Wir werden gemeinsam ganz viele spannende Abenteuer erleben.«

Mama, die der Tante vom Balkon aus zum Abschied gewinkt hatte, kam in den Flur und streckte Josefine das Telefon entgegen: »Für dich. Riccarda.«

»Ist er schon bei dir?«, erkundigte sich Riccarda.

Seit Josefine ihr vor ein paar Tagen in der Schule erzählt hatte, dass sie dieses Wochenende den Hund ihrer Tante hüten durfte, war sie ganz gespannt. Sie hatte selber einen Hund und war eine große Hundefreundin. Natürlich wollte sie auch Blacky kennenlernen. Vergeblich hatte Josefine ihr versucht klarzumachen, dass ihr Wochenende schon komplett verplant war. Es gab so viel, das sie mit dem Hund unternehmen wollte! Und sie wollte Blacky ganz für sich alleine haben. Riccarda hatte ihr ihren Hund auch nicht für ein paar Stunden überlassen wollen. Nicht einmal eine Runde Gassi gehen hatte sie ihr erlaubt!

»Aber ich bin Hunde-Expertin«, hatte Riccarda mehrmals betont. »Ich kann dir helfen. Wenn man sich mit Hunden nicht auskennt, kann das echt kompliziert werden.«

Was sollte an einem Hund schon kompliziert sein? Sie sah Blacky ja nicht das erste Mal. Immer wenn sie bei ihrer Tante war oder sie bei ihr vorbeikam, spielte sie mit ihm. Blacky und sie kannten sich und sie mochten sich auch. Was sollte da schon schiefgehen?

»Blacky würde sich bestimmt freuen, ein bisschen mit Frumsi zu spielen.«

»Ich erzähle dir alles am Montag«, sagte Josefine.

Sie hatte jetzt wirklich Besseres zu tun, als zu telefonieren. Der Hund hatte kapiert, dass sein Frauchen nicht zurückkam, und wurde nun richtig nervös. Er kratzte mit seinen Pfoten an der Tür und bellte laut. Am besten, sie lenkte ihn mit etwas ab! Josefine machte Blacky an der Leine fest und führte ihn auf den Balkon. Vielleicht konnte sie ihn so auf andere Gedanken bringen. Der Hund folgte ihr ohne Widerstand.

»Braver Hund«, lobte ihn Josefine. Er schien den Balkon spannend zu finden. Neugierig schnupperte er in allen Ecken. Aber nach einer Weile setzte er sich hin und begann wieder laut zu bellen.

»Pst!«, machte Josefine. Hatte er Durst? Sie füllte in der Küche seinen grünen Napf, den ihre Tante mitgebracht hatte, mit Wasser. Doch der Hund rührte das Wasser nicht an. Er bellte und bellte. Was hatte er denn nur?

Mama kam auf den Balkon. Nervös rieb sie sich die Hände. »Hoffentlich hört er bald auf«, murmelte sie und deutete nach oben, »die Nachbarn haben bestimmt keine Freude an diesem Gekläffe.«

Josefine sah Blacky nachdenklich an. Vielleicht wollte er Gassi gehen?

»Ich gehe ein bisschen mit ihm raus«, entschied sie.

»Wollt ihr nicht bei Riccarda vorbeischauen?«, fragte Mama. »Die kennt sich doch so gut mit Hunden aus.«

Josefine schüttelte den Kopf. »Das schaffe ich allein!«

Blacky schien von ihrer Idee begeistert zu sein. Kaum hatte sie die Tür geöffnet, rannte er auch schon los. Josefine umklammerte die Leine fest und musste sich echt Mühe geben, bei dem Tempo mitzuhalten.

»Nicht so schnell!«

Doch Blacky hörte nicht auf sie, er zog sie die Treppe hinunter. War der stark! Sie verließen das Haus. Blacky steuerte auf die Hecke zu und schnupperte neugierig. Endlich konnte Josefine durchatmen. Sie kniete sich auf den Boden und drückte ihn an sich.

»Du bist ein braver Hund! Ich habe dich ganz doll lieb. Wir machen jetzt einen schönen Spaziergang.«

Sie zog sanft an der Leine und spazierte los. Und Blacky folgte ihr! Josefine lächelte zufrieden. Sie gingen die Straße hinunter. Hier war fast kein Verkehr. Eine Weile trottete Blacky munter vor sich hin. Genauso hatte sie es sich vorgestellt. War das schön! Für einen Moment stellte sie sich vor, Blacky wäre ihr Hund. Aber dann blieb Blacky auf einmal mitten auf dem Bürgersteig stehen und setzte sich hin.

»Brauchst du eine Pause?«

Josefine wartete eine Weile. Aber dann wurde sie langsam unruhig. Blacky hatte sich wirklich einen ziemlich ungünstigen Platz für die Pause ausgesucht. Sie hatte keine Lust, länger hier herumzustehen. Es gab nicht einmal eine Bank, auf die sie sich hätte setzen können.

»Wir müssen weiter!«, sagte sie zu Blacky und dieses

Mal mit lauter Stimme. Blacky konnte doch nicht einfach den Verkehr blockieren. Er hatte sich so hingesetzt, dass kein Spaziergänger mehr an ihm vorbeikam. Eine Frau mit Kinderwagen blieb vor ihnen stehen. »Ist alles in Ordnung?«

»Blacky will sich nur ein bisschen ausruhen«, beschwichtigte Josefine. Es war ihr furchtbar peinlich. Sie sah sich um. Gleich um die Ecke war die Metzgerei! Vielleicht konnte sie Blacky so zum Aufstehen bewegen.

»Hast du Lust auf eine kleine Überraschung?«, lockte sie ihn und zog an der Leine. Doch der Hund rührte sich nicht vom Fleck. Sie kniete sich auf den Boden und versuchte, Blacky anzuschieben. War der schwer! Blacky schaute ihr interessiert zu, aber bewegte sich keinen Millimeter. Was hätte ihre beste Freundin an ihrer Stelle gemacht? Die hätte bestimmt einen Trick gekannt.

»Wir können doch nicht den ganzen Nachmittag hier verbringen.« Langsam war Josefine gewaltig genervt und gleichzeitig langweilte sie sich. Was sollte sie denn noch machen? Jetzt beugte Blacky seinen Kopf zu ihr und ehe sie begriff, was geschah, begann er mit seiner Zunge ihr Gesicht abzuschlecken.

»Ii!«, entfuhr es Josefine. Das war überhaupt nicht komisch! Sie gab ihm einen Klaps auf den Hintern. Sie verschränkte die Arme und sah ihn streng an. Er sollte ruhig sehen, wie böse sie jetzt war. Die Tür der Metzgerei ging auf und eine Frau mit einer Einkaufstasche kam heraus. Offensichtlich wurde Blacky erst jetzt auf die Metzgerei aufmerksam. Er hob die Nase und schnupperte. Endlich bewegte er sich! Er wollte zur Metzgerei!

Josefine und Blacky schauten neugierig durch das Schaufenster. Hinter der Theke stand die Metzgerin. Sonst war niemand im Laden. Hätte sie doch bloß etwas Geld mitgenommen!, dachte Josefine. Blacky begann ganz fürchterlich zu jaulen. Josefine lief knallrot an. Das war sicher ganz weit zu hören. Irgendwo wurde ein

Fenster geöffnet und eine Frau streckte neugierig den Kopf heraus. Hoffentlich tauchte jetzt niemand auf, den sie kannte. Der Hund jaulte, als hätte er seit Tagen nichts mehr zu fressen bekommen.

»Vorher hattest du auch keinen Hunger.«

Auch die Metzgerin war auf das Jaulen aufmerksam geworden. Sie lächelte den beiden zu und gab Josefine ein Zeichen: »Ich komme gleich zu euch hinaus!« Sie machte sich daran, ein Stückchen Wurst abzuschneiden.

»Hat da jemand Appetit auf einen kleinen Leckerbissen?« Die Frau legte das Wurststück vor Blacky auf den Boden. Dieser stürzte sich gierig darauf und verschlang es mit einem Bissen.

»Du hast aber einen schönen Hund«, sagte die Metzgerin zu Josefine.

Diese wurde vor Stolz gleich ein bisschen rot. »Er heißt Blacky.«

Doch mehr konnte sie nicht erzählen, denn Blacky wollte plötzlich weiter. Sie konnte sich nicht einmal von der Metzgerin verabschieden, so fest zog er sie mit sich. Wieder rannte er los, Josefine blieb nichts anderes übrig, als ihm zu folgen. Bloß nicht die Leine loslassen! Wo wollte er denn jetzt schon wieder hin?

Würde das jetzt das ganze Wochenende so gehen? Und dabei hatte sie sich so auf Blacky gefreut. Das wäre echt peinlich, wenn sie ihre Tante anrufen und um Hilfe bitten musste.

Lautes Kläffen schlug ihnen aus dem Park entgegen. Josefine bekam Angst. Wollte Blacky tatsächlich in diese Richtung? Wenn da bloß kein bissiger Hund auf sie wartete.

»Josefine!«

Erst jetzt sah sie den Hund und sein Frauchen: Da waren ja Riccarda und ihr Hund! Kaum war Blacky bei ihm angekommen, beschnupperten sich die beiden Hunde interessiert. Frumsi war viel kleiner als Blacky. Aber sie verstanden sich auf Anhieb. »Jetzt lerne ich Blacky doch noch kennen!«, freute sich Riccarda. »Was habt ihr heute Nachmittag gemacht?«

Josefine behielt alles für sich.

»Wollen wir ein bisschen zusammen spazieren gehen?«, schlug Riccarda vor.

Josefine blickte zu Blacky. Er schien das eine gute Idee zu finden. Endlich war er nicht mehr bockig. Gemeinsam schlenderten sie durch den Park. Wie schön das war. Und dann erzählte Josefine doch noch, was sie mit Blacky erlebt hatte. Riccarda hörte aufmerksam zu, ab und zu lachte sie.

»Warum hast du mich nicht angerufen?«, fragte sie dann.

Darauf wusste Josefine auch keine Antwort.

»Treffen wir uns morgen wieder?«, schlug Riccarda vor, als sie bei Josefines Haus ankamen. Josefine nickte. Und auch Blacky schien gerne Zeit mit seinem neuen Freund zu verbringen.

Stephan Sigg, Jahrgang 1983, aufgewachsen in Rheineck (Ostschweiz), studierte Theologie in Chur, lebt heute in St. Gallen und ist als Journalist und Autor sowie in der Aus- und Weiterbildung von ReligionslehrerInnen tätig. Inzwischen hat er bei Gabriel mehrere Bücher veröffentlicht.

Stefanie Scharnberg, 1967 in Hamburg geboren, hat viele Jahre als Buchhändlerin gearbeitet, bevor sie Malerei an der Kunsthochschule in Florenz studiert hat. Seit 1998 arbeitet sie erfolgreich als freie Illustratorin und hat bereits zahlreiche Bilder- und Kinderbücher ausgestattet. Gemeinsam mit ihrer Familie lebt sie in Freiburg.

Weitere Kinderbücher von Stephan Sigg:
War Jesus denn jetzt katholisch oder evangelisch?

Mehr über unsere Bücher, Autoren und Illustratoren auf:
www.gabriel-verlag.de

Sigg, Stephan:
Das Geschichtenbuch zur Erstkommunion
ISBN 978 3 522 30449 8

Gesamtgestaltung: Stefanie Scharnberg
Einbandtypografie: Doris Grüniger, Buch und Grafik
Innentypografie: FSM Premedia GmbH & Co. KG, Münster
Reproduktion: HKS-Artmedia
Druck und Bindung: Livonia Print, Riga